美国小学主流科学教材

【美】杰伊·哈克特 等著
张俊 邓小耶 等译
郝京华 审定

地球和资源 4

Earth and Its Resources

浙江教育出版社·杭州

本版特色

- 兼顾授受式学习内容和探究式调查活动。
- 采用5E（Engage参与，Explore探究，Explain解释，Extend/Elaborate拓展，Evaluate评估）研究型教学模式。
- 增加工程和设计流程的介绍。
- 整合21世纪技能，如创新创造能力、协作能力、沟通能力、批判性思维与解决问题的能力等。
- 用个性化的生动图像激发学生的学习兴趣。
- 根据知识深度等级体系（Depth of Knowledge，简称DOK）设计评价和测试。

注：原版书中，A单元、B单元表示该内容属于生命科学领域，C单元、D单元表示该内容属于地球与空间科学领域，E单元、F单元表示该内容属于物质科学领域。中文版对此予以保留。

Program Authors

Dr. Jay K. Hackett
Professor Emeritus of Earth Sciences
University of Northern Colorado
Greeley, CO

Dr. Richard H. Moyer
Professor of Science Education and Natural Sciences
University of Michigan-Dearborn
Dearborn, MI

Dr. JoAnne Vasquez
Elementary Science Education Consultant
NSTA Past President
Member, National Science Board and NASA Education Board

Mulugheta Teferi, M.A.
Principal, Gateway Middle School
Center of Math, Science, and Technology
St. Louis Public Schools
St. Louis, MO

Dinah Zike, M.Ed.
Dinah Might Adventures LP
San Antonio, TX

Kathryn LeRoy, M.S.
Chief Officer
Curriculum Services
Duval County Schools, FL

Dr. Dorothy J. T. Terman
Science Curriculum Development Consultant
Former K-12 Science and Mathematics Coordinator
Irvine Unified School District, CA
Irvine, CA

Dr. Gerald F. Wheeler
Executive Director
National Science Teachers Association

Bank Street College of Education
New York, NY

Contributing Authors

Dr. Sally Ride
Sally Ride Science
San Diego, CA

Lucille Villegas Barrera, M.Ed.
Elementary Science Supervisor
Houston Independent School District
Houston, TX

American Museum of Natural History
New York, NY

Contributing Writer

Ellen C. Grace, M.S.
Consultant
Albuquerque, NM

Students with print disabilities may be eligible to obtain an accessible, audio version of the pupil edition of this textbook.
Please call Recording for the Blind & Dyslexic at 1-800-221-4792 for complete information.

connectED.mcgraw-hill.com

(cover)Bob Elsdale/Getty Images

STEM McGraw-Hill is committed to providing instructional materials in Science, Technology, Engineering, and Mathematics (STEM) that give all students a solid foundation, one that prepares them for college and careers in the 21st century.

Send all inquiries to:
McGraw-Hill Education
8787 Orion Place
Columbus, OH 43240

ISBN: 978-0-02-135618-8
MHID: 0-02-135618-1

Printed in the United States of America.

9 10 11 12 13 14 QVS 23 22 21 20 19 18

AMERICAN MUSEUM OF NATURAL HISTORY

The American Museum of Natural History in New York City is one of the world's preeminent scientific, educational, and cultural institutions, with a global mission to explore and interpret human cultures and the natural world through scientific research, education, and exhibitions. Each year the Museum welcomes around 4 million visitors, including 500,000 schoolchildren in organized field trips. It provides professional development activities for thousands of teachers; hundreds of public programs that serve audiences ranging from preschoolers to seniors; and an array of learning and teaching resources for use in homes, schools, and community-based settings. Visit www.amnh.org for online resources.

译 序

一部好教材欲保持其生命力的重要举措就是要不断地与时俱进，要随着社会的变迁、学术的进步不断地吐故纳新。浙江教育出版社引进出版的《科学启蒙(第二版)》就是这样的一部好教材。

比较这套教材的两个版本，不难发现，第一版显然依据的是1996年美国颁布的科学教育标准。1996年的科学教育标准有三个重要特点：(1)明确科学教育的目标是培养所有学生的科学素养（美国曾经有过把培养科学家作为科学教育培养目标的历史）；(2)强调要把科学本身的实际做法，即科学探究也作为科学教育的内容；(3)将科学课程的内容按“生命科学、物质科学、地球与空间科学”三个领域加以划分。第一版的《科学启蒙》较好地落实了课程标准的这些理念。

第二版依据的是美国2013年颁布的《新一代科学教育标准（NGSS）》。和1996年课程标准相比，2013年的标准有三个显著变化。(1)将科学探究扩充为“科学与工程实践”，明显强化了运用科学概念解决实际问题能力的培养。（2)强调科学大概念。标准提出了判断大概念的4个原则：①具有学科的意义，具有跨越多个学科领域的广泛的重要性，或者是本学科中组织相关知识的关键概念；②具有解释力，能解释许多现象；③具有生成性，能为理解和探究更多的概念和解决问题提供关键的工具，与社会、家庭相关；④能从幼儿园到高中螺旋上升。(3)强调了学科间的融合，不仅是科学、技术、工程、数学的融合，还有科学、语文、数学的融合。

第二版的《科学启蒙》教材真的是在与时俱进。首先，它在继续强调科学探究的同时，大大强化了工程设计部分，不仅在各领域各章节中增加了运用相关知识解决实际问题的机会，还在“做一名科学家”版块增添了有关工程设计的“聚焦技能”。第二，在强调科学大概念方面，教材不仅在各章节都有科学大概念的明确标示，还在各章结尾之处增加了科学概念和技能的测评。第三，在学科融合方面，教材不仅强化了科学阅读（包括文和图）和科学写作的指导，还强化了数学意识和能力的培养。

《科学启蒙》这套教材还有一个突出的亮点就是它精彩的图片。大量有视觉冲击力的照片和灵动的排版为教材增色不少，让人爱不释手。

它山之石，可以攻玉。中国正在进行着课程改革，也正在努力地缩短与发达国家在教育上的差距，引进国外好的教材不失为一种有效的捷径。不同的群体都可以从《科学启蒙》这套教材中获益。它为教材编写者提供了一个如何将内容与活动结合的范例，它给予科学教师教学活动设计的启迪，它为语文老师提供了如何指导学生科学阅读和科学写作的策略，就连出版社也可以从中获得科学教材排版方面的启示。除此，作为一套学生的科学阅读的材料，它也是一个不错的选择。

只有站在巨人的肩膀上我们才可以实现弯道超车，才可以追赶上发达国家，才可以实现伟大的中国梦！国家如此，科学教育亦然，让我们共同努力！

小学科学课程标准研制组组长、修订组副组长
南京师范大学教科院教授 郝京华

地球与空间科学

目录

Contents

做一名科学家

C单元　地球和资源

C 单元　地球和资源

第2章

探究活动

扫一扫，码上获取
更多学习资源

做一名科学家

埃特纳火山是欧洲海拔最高的活火山。

AMERICAN MUSEUM OF NATURAL HISTORY

科学方法

看一看，想一想

印度尼西亚的岛屿上有许多活火山。地球内部发生了什么，才使得这些火山灰和气体直冲云霄？

弗朗西斯卡在野外研究火山。

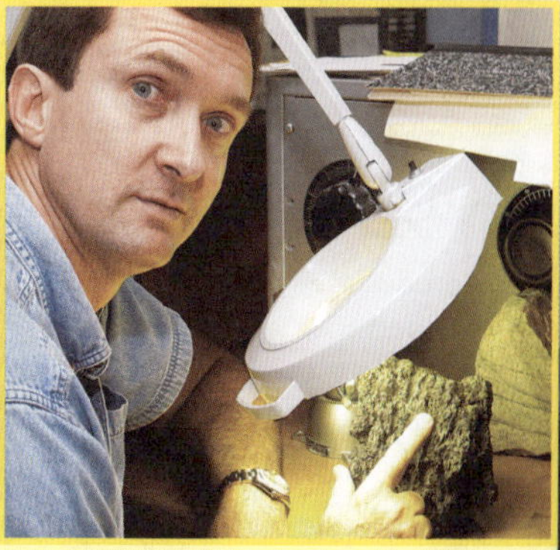

吉姆在实验室里研究火山。

探究活动

你对火山了解多少？

- 为什么有些山是火山？
- 火山喷发时，会发生什么？
- 为什么有些火山比其他火山喷发得更剧烈？

科学家怎样寻找这些问题的答案？

吉姆·韦伯斯特和弗朗西斯卡·辛托尼都是地质学家。他们在纽约的美国自然历史博物馆工作。地质学家是研究地球内部和外部活动的科学家。吉姆和弗朗西斯卡对火山充满了好奇，他们想要更深入地了解火山喷发的原因。

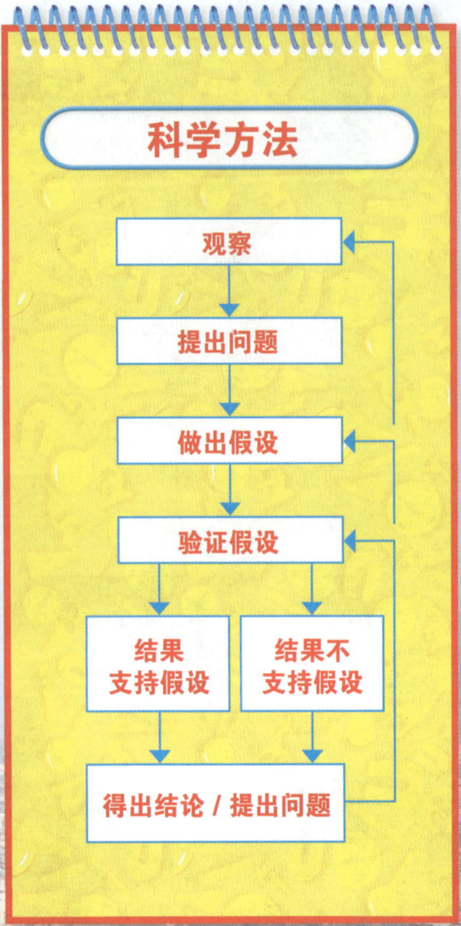

科学家会怎么做？

意大利的那不勒斯市有一百多万居民。这座城市时刻处在一座名叫维苏威活火山的阴影下。在过去的 2000 年中，这座火山喷发了很多次。住在意大利的弗朗西斯卡说："它非常危险。"目前，她正在研究维苏威火山。

科学方法

吉姆和弗朗西斯卡想要了解引起像维苏威这样的火山喷发的原因是什么。为了找到答案，他们使用了科学方法。**科学方法（scientific method）**是科学家用来回答问题的一系列步骤和方法。这种方法帮助他们解释自然世界中的各种现象。科学家会按照科学方法建议的步骤进行研究。不过，对于特定研究，并不是每一个步骤都是必须的。

你可以在意大利那不勒斯市看到维苏威火山。它上一次喷发是在 1944 年。

提出问题

火山内部充满了熔融的岩石，即**岩浆**。岩浆一般存在于地下深处。有时岩浆中会存在气体，如水蒸气、氯气等。

岩浆从火山喷发出来后，就会形成熔岩。许多熔岩表面遍布小孔，这些小孔曾经是炽热岩浆中的气泡。

吉姆和弗朗西斯卡提出了问题：为什么有些火山比其他火山喷发得更剧烈？他们已经知道，水蒸气会影响火山喷发的剧烈程度。根据他们所掌握的知识，吉姆和弗朗西斯卡做出预测：某些其他物质也会影响火山喷发的剧烈程度。他们想测试的一个变量是氯气。**变量（variable）**是指在实验过程中可以被改变的要素。

做出假设

1. 提出多个“为什么”的问题。
2. 寻找重要变量之间的联系。
3. 对这些联系提出可能的解释。

▶ **确保这些解释能够被检验。**

做出假设

吉姆和弗朗西斯卡提出了一种假设。**假设（hypothesis）**是一种能被检验的，可以回答某个问题的表述。他们做出假设：如果岩浆中含有氯气，那么火山就会喷发得更剧烈。

弗朗西斯卡和吉姆想知道火山喷发如此剧烈的原因。

科学家如何验证他们的假设?

吉姆和弗朗西斯卡能在活火山中做实验吗?当然不能!但是,他们可以在实验室中做模拟实验。吉姆的实验室里有一台仪器,它能模拟火山深处的热量和压强。“我们正在尝试模拟地壳深处的温度和压强。”吉姆解释道。

选择实验方案

为了验证他们的假设,吉姆和弗朗西斯卡需要收集证据。他们决定做一系列实验。**实验(experiment)**是一种可以用来支持或推翻假设的科学检验。他俩设计了一系列实验来测试氯气对火山喷发的影响。

撰写实验计划

吉姆和弗朗西斯卡清晰地写下了他们设计的实验步骤。这样一来,不仅他们自己,其他人也可以重复他们的实验。为什么要这么做呢?因为好的实验可以多次重复。每次重复的结果越相似,这个实验提供的证据就越有力。

他们计划将定量的氯气加入火成岩样本中。氯气是这个实验中唯一的变量。在实验中可以人为控制变化的变量称为**自变量**。大多数实验一次只测试一个自变量。

一个好的实验也需要**控制变量**。在这个实验中,科学家计划控制每个样本的质量,环境中的压强和温度都相同。他们又是怎么知道氯气是否对火山喷发的剧烈程度产生影响了呢?他们认为岩石上小孔的数量能反映火山喷发的剧烈程度,因而记录了这些小孔的数量。这些小孔的数量就是本实验中的因变量。

这块火成岩上的这些小孔曾经是岩浆内部的气泡。

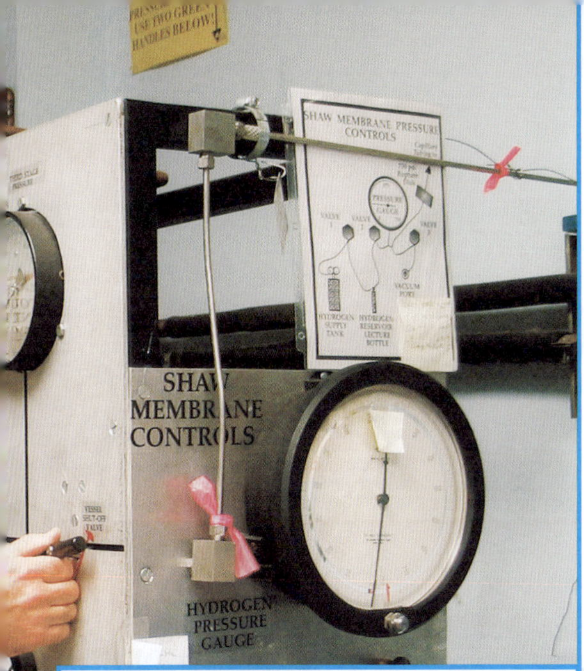

吉姆确保实验过程中的压强不会发生改变。

验证假设

1. 仔细思考可以用来验证假设的不同数据。
2. 选择最有效的方法来收集数据。
   - **操作实验**（在实验室里）
   - **观察真实环境**（在野外）
   - **建立和使用模型**（在电脑上）
3. 设计实验步骤，收集数据。

▶ **确保设计的步骤可以被其他人重复。**

收集数据

吉姆和弗朗西斯卡按照设计的实验方案，把碎石和水倒入多个小金属容器中，再加入不同数量的氯气，其中一个容器不加氯气。

弗朗西斯卡将这些密封的容器放进一个坚固的钢瓶里，然后使钢瓶内部升温并加压。实验时，钢瓶内部的温度比烤比萨的烤箱温度还要高 10 倍左右！

实验一周后，冷却钢瓶并将它打开。吉姆和弗朗西斯卡打开小容器，取出冷却的岩石并将其放在显微镜下观察，数清小孔的数量后再将数据记录下来。最后，他们按完全相同的步骤进行了重复实验，确保实验数据科学、可靠。

岩石粉碎成小颗粒。

科学家如何分析数据?

吉姆和弗朗西斯卡收集数据时，会很仔细地记录下他们所观察到的现象。他们观察不同氯气含量的容器中每块冷却的岩石，记录下这些岩石的小孔数量，然后以合理的方式整理所有数据。

▼助理实验员用电子显微镜观察每个样本。

比较样本

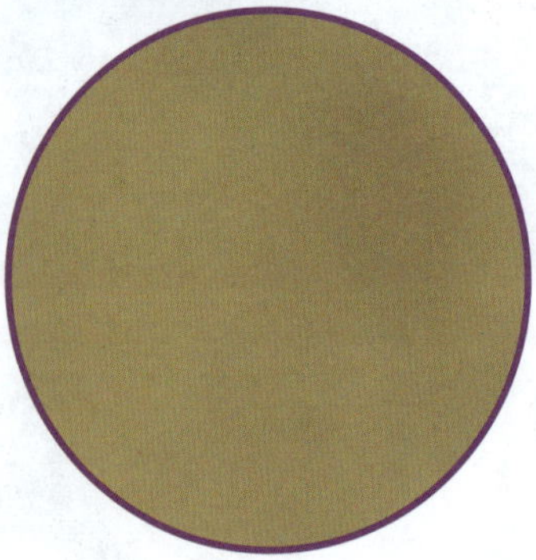

样本 1

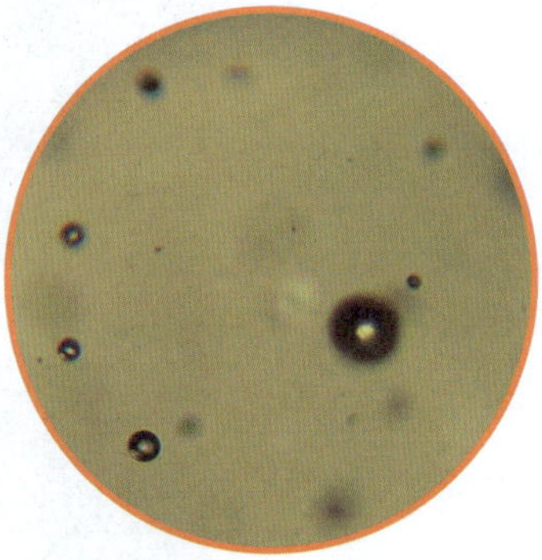

样本 2

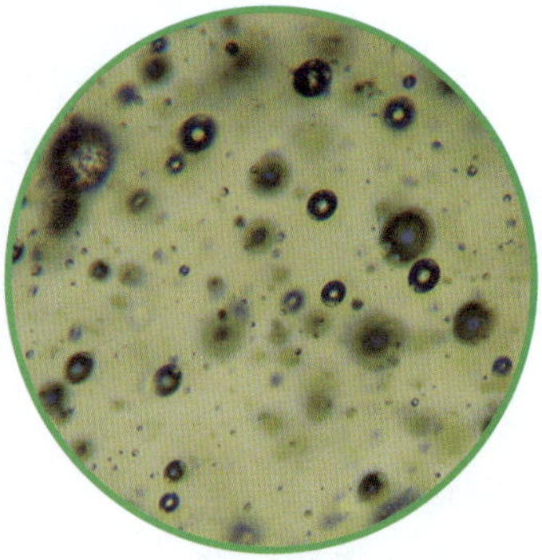

样本 3

数据表格

次数	温度	压强	氯气	气泡
1	920℃	200 MPa	0%	没有
2	920℃	200 MPa	0.8%	有一些
3	920℃	200 MPa	0.9%	很多

寻找规律

上面的表格呈现了吉姆和弗朗西斯卡的部分研究结果。总的来说，他们大约做了 50 次实验，每次实验都用了大约一周的时间。也就是说，他们花了快一年的时间来收集数据！

吉姆和弗朗西斯卡整理完所有的数据之后，开始寻找规律。这些数据反映了什么信息？样本中含有的氯气越多，冷却后的岩石上就有更多的小孔，而没有加氯气的对照岩石样本上，竟然一个小孔也没有。

分析数据

1. 将数据整理成表格、曲线图、地图等形式。
2. 寻找数据中所反映出来的假设中的几个重要变量间的关系。

▶ **通过将数据与其他来源的数据进行比较，来检查数据的可靠性。**

检查错误

在进行实验的过程中，吉姆和弗朗西斯卡检查了他们所有的步骤，确定实验过程的正确性。如果发现实验步骤有一点错误，那么他们就不能用此次实验得到的数据。错误意味着他们必须再次重复实验。

科学家如何得出结论?

现在，吉姆和弗朗西斯卡必须确定实验数据是否支持他们的假设。他们将实验结果与维苏威火山和其他火山喷发形成的喷出岩作比较。通过比较，他们可以得出结论。

岩浆里含有更多的氯气会导致火山更剧烈地喷发吗？“是的，会！”弗朗西斯卡给出了肯定的答案。

实验结果并不是每次都能支持待验证的假设的，这也许不算什么坏事。科学家在假设不被支持时，会寻找原因，他们还会用不同的方法进行新的实验，从而来验证假设。

有时候科学家会得出假设不正确的结论。这时，他们会提出新的假设，然后按照科学方法的步骤再次进行验证。

浮石是火山喷发后形成的一种岩石。

美国阿拉斯加的圣奥古斯丁火山

交流

吉姆和弗朗西斯卡会报告并分享他们的结论。这样一来，其他科学家就可以做同样的实验，并将他们的结果与前人的研究进行比较。许多科学家会分享他们的实验结果，以便其他人可以在他们研究的基础上做进一步探究。

提出新问题

一位科学家的实验结果可能会引出新的问题。吉姆想知道：氯气是否影响所有火山的喷发程度？还有什么气体也会影响火山喷发的剧烈程度？火山喷发时还会发生什么？

现在，吉姆在美国阿拉斯加研究圣奥古斯丁火山。和维苏威火山一样，圣奥古斯丁火山也是一座活火山，它在美国阿拉斯加库克湾形成了一个火山岛。

得出结论

1. 判断数据能否明确地支持假设。
2. 如果结果不够明确，重新考虑一下实验步骤。
3. 把结果写下来与他人分享。

▶ **确保能提出新问题。**

想一想，说一说，写一写

1. 为什么科学方法对科学家来说很有用？
2. 你还能想到其他哪些关于火山的问题？选择其中一个，做出一个可以被验证的假设。
3. 如果科学家收集的数据推翻了他们的假设，他们应该怎么做？

吉姆和其他科学家一起访问圣奥古斯丁火山，并开展了新的观测。

科学技能

▲ 从这张照片中，你能观察到松鼠的哪些特点？

科学家在运用科学方法的过程中，会用到许多探究技能。探究技能可以帮助科学家收集信息，并回答关于周围世界的问题。下面列举了所有科学家都会用到的一些重要探究技能：

观察 运用感官去认识物体或事件。

做出假设 为回答某个问题提出一个可以被检验的说法。

交流 与他人分享信息。

分类 将具有相似属性的事物分为一组。

处理数据 运用排序、计数、加、减、乘、除等数学方法来处理数据。

建立模型 用一个模型来表示某个事物或现象。

科学家会在开始实验前做出假设。

盒子 A	
预测	
天	观察结果
1	
2	
7	
10	

◀制作数据表是一种整理信息的好方法。

使用变量 找出可以控制或改变实验结果的某些条件。

解释数据 用收集到的信息来回答问题或解决问题。

测量 获知事物的大小、距离、时间、体积、面积、质量或温度等特性。

预测 预先推测事件或实验的可能结果。

推理 根据事实或者观察到的现象提出符合逻辑的观点。

实验 为验证假设进行一系列活动或操作。

探究技能培养

在本书的每个章节中，你会看到一个“技能训练”专栏。这些专栏可以帮你练习科学家所需要的技能。

实验中，使用变量对科学家来说很重要。▶

聚焦技能

科学和技术：设计过程

工程师遇到问题时，一定会设计一个解决方案。有时候，工程师会选择提出一种全新的解决方案；有时候，他们只需要改进现有的设计。

▶ 学习

你会怎样设计一座桥？使用**设计过程（design process）**可以帮助你设计出解决方案。

1. **确定并描述问题**
   要想解决问题，必须先理解问题。比如，建桥前需要思考你理想中的桥横跨的距离有多长，它能承重多少。

2. **提出解决方案**
   你提出的解决方案应该考虑到现实中的各种信息，比如，需要考虑已有的材料，以及你有多少时间可以来解决这个问题。

3. **建立模型**
   模型是一种小型或实际尺寸的物体复制品。建筑师和工程师常用模型来测试他们的设计。

4. **测试并修改设计方案**
   评价一项设计方案，需要解答以下问题：
   - 它起作用了吗？
   - 它还有哪些地方需要改进？

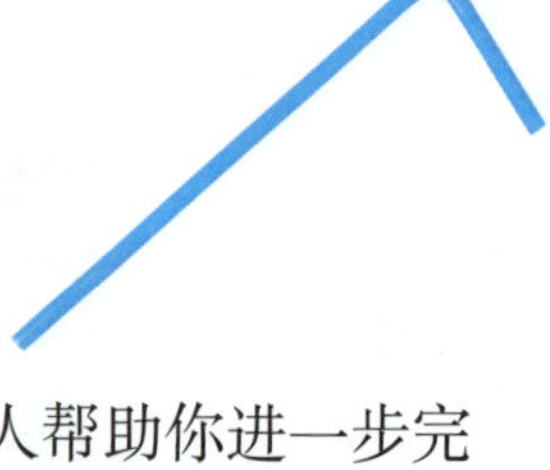

5. **解释方案**
   最后，与其他人交流你是怎样解决问题或为什么你的方案不起作用。大多数设计刚开始并不完美。在小组讨论时，以图片、表格等形式展示你的设计，请别人帮助你进一步完善解决方案。

▶ 尝试

材 料 胶带、吸管、回形针、彩色卡纸、橡皮筋、硬币、塑料杯。

1. 根据前面的**设计过程**，利用教室中常见的材料搭建一座桥。你的桥梁可以搭在两张书桌之间，也可以搭在两摞书之间。请保证书或者课桌之间的距离大约是 0.5 米。这座桥必须能支撑起一个装有 20 枚硬币的塑料杯。
2. 在搭桥之前，请先画一幅图来说明这座桥的样子。给这张图起个名字，并列出需要用到的材料。
3. 建造你的桥。
4. 测试你的设计。它能否支撑起一个装有 20 枚硬币的塑料杯？
5. 如果这座桥不能支撑这个塑料杯，请改进你的设计方案，然后再试一次。
6. 向全班同学分享你的解决方案。

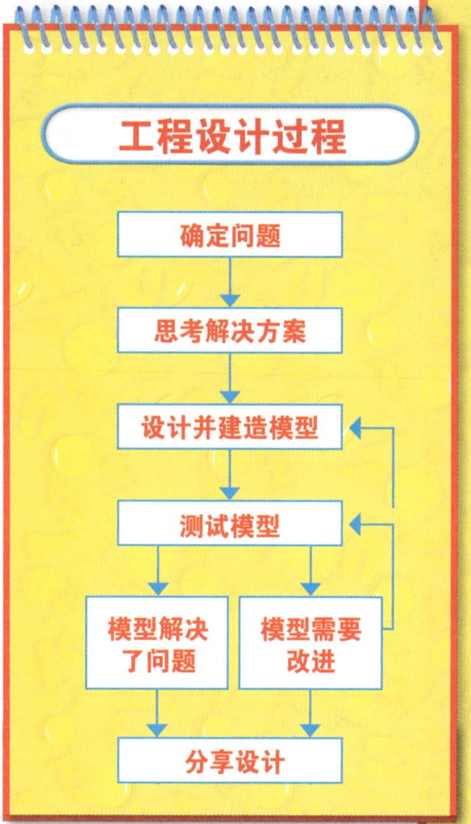

交流是设计过程的最后一个步骤。

▶ 应用

1. 你可以继续改进这座桥，使它能支撑起一个装有 40 枚硬币的塑料杯吗？
2. 比较你和其他同学在实验中遇到的问题，你们是否遇到了相同的问题？
3. 在你设计一座真正的桥时，为什么建立模型这个步骤很重要？
4. 在这个实验里，你是如何用设计过程来解决问题的？
5. 研究很久以前建造的桥，了解桥梁设计是如何随着时间而改变的，以及桥梁是如何改善人类生活的。

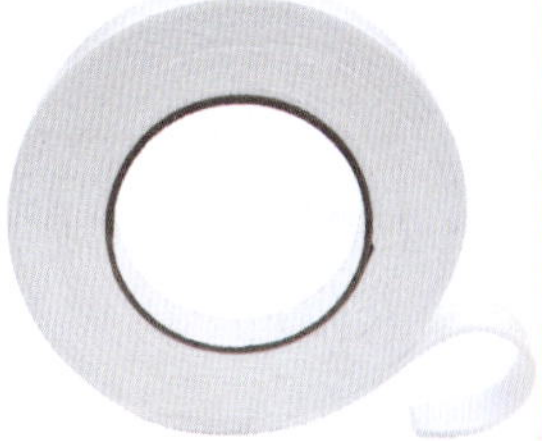

安全提示

室内

- 阅读所有操作指南，确保你已经完全理解。看见“⚠小心！”标志时，务必要谨慎。
- 请认真听从老师强调的安全守则。如果你有不懂的地方，应及时向老师寻求帮助。

- 活动开始前，用肥皂洗手。
- 使用电热板时要小心，特别要注意它的开关状态。记住，电热板电源关闭后，还会保持数分钟的热度。
- 如果你在做实验时需要使用一些脏乱或容易溅出的材料，请记得穿上实验服。
- 如果有液体不慎溅出，请立刻清理或寻求老师的帮助。

- 请按照老师的要求处理废弃物。
- 如果有器材损坏，应该立即报告老师。如果打碎了玻璃制品，不要自行清理，应报告老师，获取帮助。
- 根据老师的要求戴上护目镜。实验操作时，可能会用到一些固体或液体，为防止它们飞溅到眼睛里，请一定要戴上护目镜。

- 把头发绑好，把袖子挽起来，确保你的头发和衣服远离明火。
- 使用电器设备时，要确保手是干燥的。
- 实验过程中禁止饮食。
- 请按照老师的要求，把实验器材和设备放回原处。
- 活动结束后，将实验场所清理干净并用肥皂洗手。

室外

- 户外活动时找一位可信任的成年人陪同，可以是老师、父母或其他监护人。
- 没有得到成人的允许，请不要随意触摸动植物。因为有些动物可能会咬人，有些植物可能有毒。

责任 **请注意尊重生命、爱护环境和你的同伴。**

C单元

地球和资源

流水可以改变陆地的外貌。

实践：

设计一个合理的实验

你有没有注意到，在暴风雨过后，原本清澈的河流会变得浑浊，颜色也会变成褐色。为什么会这样呢？雨点落在土坡上时，会使土壤变疏松，导致泥土被冲下山坡，进入河中，这使得清澈的河水变得浑浊。但是，对于河岸上长满青草的河流，暴风雨过后河水的颜色变化却不大。这是因为草能固定土壤。

▶ 学习

当科学家想要研究一个事件对另一个事件的影响时，他们会进行一个合理的测试实验。测试时，一次只改变一个变量，而其他条件保持相同。一个合理的实验可以让科学家了解某个变量在事件中所起的作用。

▶ 尝试

做一个河流模型：在浅盘的一端堆放一些盆栽土，并将它堆出一个倾斜的河岸。把水倒在河岸上，会发生什么？流到浅盘底部的水是什么颜色的？

▶ 设计

设计一个合理的实验，看看如果河岸上有植物，会对被冲刷到河里的泥土数量有何影响。写下你设计的实验步骤，确保一次实验只改变一个变量。

▶ 应用

把浅盘里的东西清空，重新用盆栽土堆出一个新的河岸。现在进行一个你设计的合理的实验。这一次，你改变了哪个变量？它对实验结果有什么影响？

第1章

塑造地球

大概念

什么会引起地球表面发生变化？

基本问题

第1课

地表和地球内部分别有什么特征？

第2课

地壳是如何变化的？

第3课

什么能塑造和改变地球的地貌？

第4课

天气如何改变地表？

核心词汇

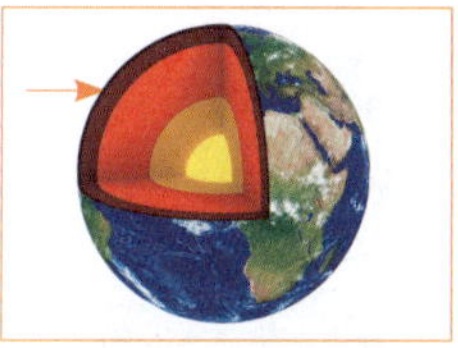

地壳 由岩石组成的地球固体外壳。

地震 地壳的突然振动。

地震仪 科学家探测地震的工具，能将地震波以波状线的形式记录下来。

风化 岩石破碎的过程。

侵蚀 外力条件下，岩石或土壤风化和移动的过程。

飓风 一种剧烈的、不停旋转的风暴，伴有强风和暴雨。

第1课 地球

看一看，想一想

在美国新墨西哥州的比斯蒂荒地，地面干燥，遍布砾石、碎石和流沙，这里的景色非常神奇。我们该如何描述这里的地形特征？

探究活动

地表有哪些形态?

活动目的

探究地球表面的特征。

活动步骤

1. **观察**　画一些你曾看过的不同地形。你可以想一想曾经去过的地方,或者在杂志、电影、电视或互联网上看过的地方,你也可以在本书的这一章中寻找图片。
2. **建立模型**　选择其中一种地形,用黏土捏出它的样子。尽可能捏出这种地形的细节。
3. **交流**　与同学讨论各自所做的模型。它们有什么相似之处,又有什么不同之处?

得出结论

4. **分类**　你认识哪些地形?请说出它们的名称。
5. 你认为陆地的形状自诞生以来就是一成不变的吗?如果不是,你认为陆地是怎么变成今天这个样子的?

进一步探究

描述你居住地附近的地形。班级的作品里有这种模型吗?如果没有的话,请做一个能够展示你家附近地形的新模型吧!

材　料

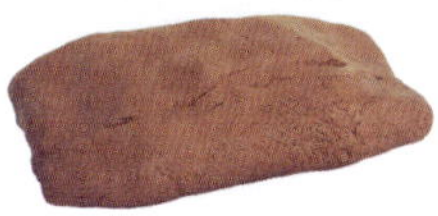

黏土

读一读，学一学

基本问题
地表和地球内部分别有什么特征？

词汇
地壳
地幔
外核
内核

阅读技能
得出结论

线索	结论

地球表面是什么样子的？

从太空看，地球表面似乎是平坦的。但是，如果近距离观察，人们看到的地球表面都有各种不同的自然特征。这些特征称为**地貌**。

高耸的地面和平坦的地面

看起来高高耸起且相当显眼的地貌是**山**。大多数山都很陡峭，但是也有一些山的地势比较平缓，还有些则是由熔岩冷却后形成的**火山**。

平原是一种最平坦的地貌，是没有丘陵或高山的广袤陆地。

水可以塑造地貌

流水可以塑造出不同的地貌。小溪和河流可以把它们流经的地方切割成小的**切沟**或者大的**冲沟**，强劲的水流甚至可以切割出深深的**山谷**。在某些地方，河流切割出了狭窄陡峭的山谷，这些山谷称为**峡谷**。有的大峡谷甚至深达一千多米！

波浪也会侵蚀陆地。海浪可以使海滩变得平缓、遍布松软的细沙，也可以使海滩变成悬崖峭壁。

风可以塑造地貌

风会把沙漠或沙滩上的沙子堆积起来，堆积的沙子形成了**沙丘**。风也可以和水共同作用，使得山变得更陡峭，山谷变得更幽深。

不同的地貌

读　图

描述你在旅行过程中曾看到过的地貌。

线索　可以对照图片进行描述。

快速检测

得出结论　地貌可以提供哪些关于地球历史的信息?

批判性思维　比较一下风和水分别是如何塑造地表的。

水和陆地交界的地方是什么样子的?

水总是从高处往低处流。当它流到地势低洼的地区时，会发生什么?

河口三角洲

如果下游地区地势平坦，河水流动的速度会减慢。如果这条河流汇入海洋，水的流速会变得更慢。河水中含有的一部分沙子和泥土会沉淀下来，从而形成**三角洲**——一种形状上类似三角形的地貌。

流域

小的溪流会汇入大江或大河中。**流域**是指大型河流及其支流流经的整个区域。例如，北美中部的大部分地区属于密西西比河流域。

大陆架

阳光明媚的一天，你打算和朋友们一起去海滨游泳。你有没有发现，即使离海岸已经有很远一段距离了，可海水还是很浅，这是为什么呢? 因为此时仍在大陆架上。**大陆架**是被海洋覆盖的一部分陆地，它可以向海洋延伸数千米。

从陆地到海洋

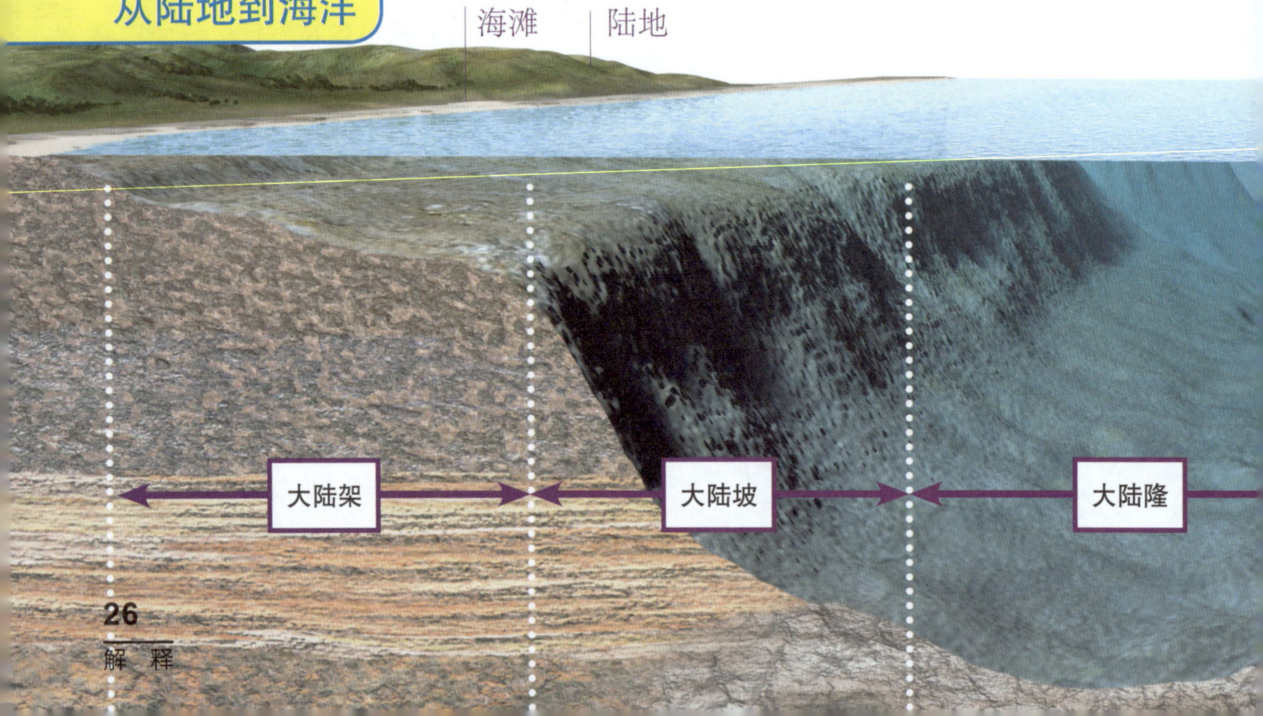

大陆架以外

大陆架之外的一片区域叫**大陆坡**，它是大陆向海底过渡的一片陡峭的区域。海底峡谷主要分布在大陆坡上。

大陆坡的底部是**大陆隆**。大陆隆连接着大陆和海底。

海底的大部分地方都是平坦的，没有特别典型的特征。但大洋底部分布着一系列长长的山脉隆起，叫作**大洋中脊**。海底也有海底火山和海沟，有些海沟深度甚至超过 8 千米。

读　图

从大陆到海底，地形是如何变化的？

线索　沿图中纵向分布的海滩到大洋中脊进行观察。

迷你实验

水的流动

1. **建立模型**　在塑料容器或金属容器中放些黏土，用它堆出山、山谷和平原等地貌。画一张该模型的地图。
2. 将水喷洒在模型山的顶部和周围。重复这一过程直到水汇流到容器底部。
3. **观察**　这个模型中，水是如何流动的？水在哪里汇聚？
4. 在地图上画出流域范围。

快速检测

得出结论　海洋属于流域吗？为什么？

批判性思维　与陆地相比，海底地形有什么特征？

地球内部是什么样的？

前面已经学习了地球表面的一些地貌特征，那么地表以下的地球内部又是什么样子的呢？观察本页的图片，它展示了地球的内部结构。科学家将地球内部分成了四层。

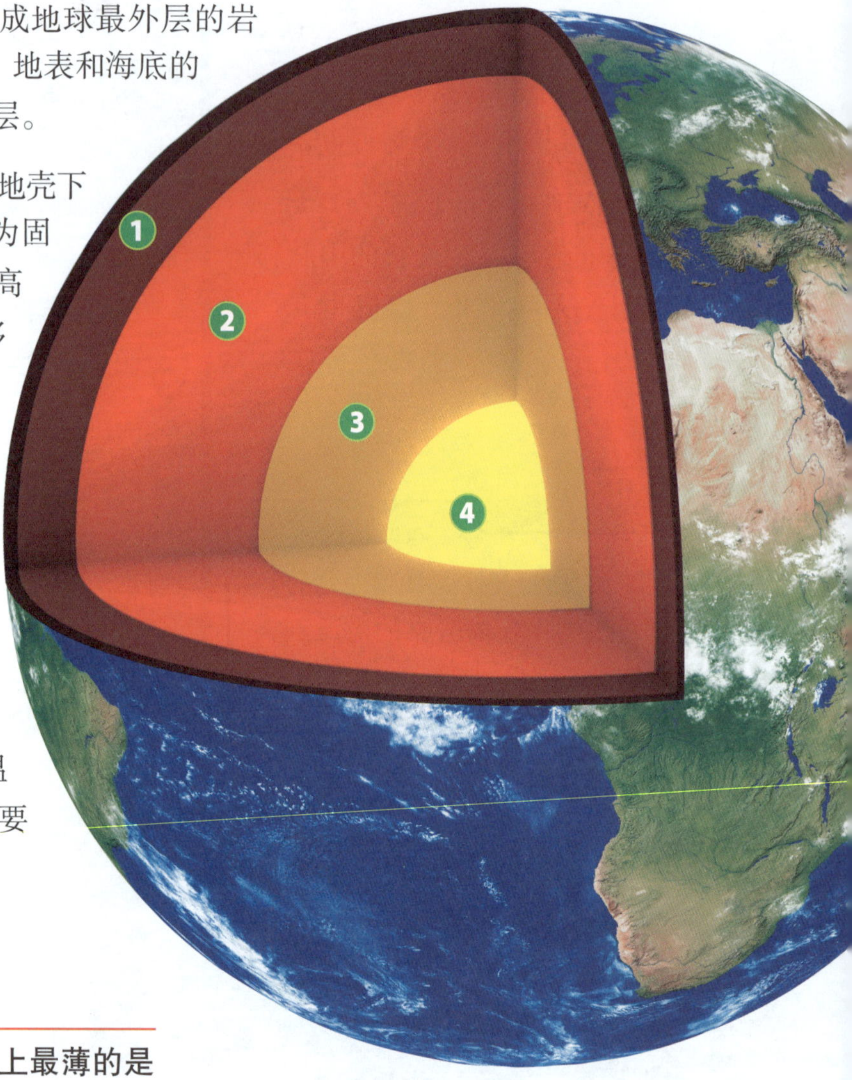

1 **地壳（crust）** 构成地球最外层的岩石圈层，容易破裂。地表和海底的地貌都出现在这一层。

2 **地幔（mantle）** 地壳下面的岩石层，主要为固态，其中一些岩石在高压和高温下会发生移动或者改变形状。

3 **外核（outer core）** 地幔下面的液体层，主要是熔融状态的铁。

4 **内核（inner core）** 地球核心的固态球体，是地球上温度最高的部分，主要成分可能是铁。

快速检测

得出结论 地球上最薄的是哪一层？

批判性思维 科学家如何研究地核？

课后回顾

摘要

地球上的地貌包括山地、平原、峡谷和其他由水和风等塑造的地形。

陆地上的水流经小溪、河流，最后汇聚到海洋。海底有着和陆地相似的地貌特征。

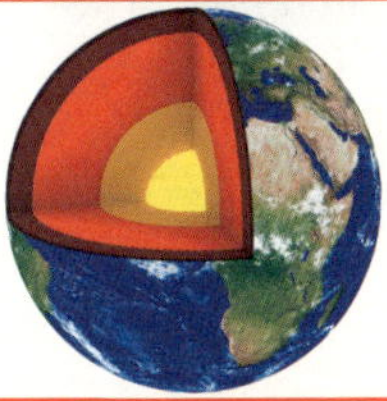

地球内部分为地壳、地幔、外核和内核。

制作 **折叠式学习卡**

如图所示，制作一个折叠式学习卡，并用它来总结你本课所学的相关知识。

想一想，说一说，写一写

1. **词汇** 地壳下面的那层叫____。
2. **得出结论** 你认为在哪里能找到三角洲？

线索	结论

3. **批判性思维** 你能用一个苹果来模拟地球内部结构吗？
4. **测试** 下列哪种地貌又宽又平？
   A 平原　　B 山谷
   C 峡谷　　D 沟渠
5. **测试** 地球内部圈层中，最外层是什么？
   A 内核　　B 外核
   C 地幔　　D 地壳
6. **基本问题** 地表和地球内部分别有什么特征？

写作链接

写一篇研究报告

写一篇关于你在旅行中可能会遇到的不同地貌的研究报告。你也可以聚焦于研究某个湖泊或者大峡谷之类的具体地点。

数学链接

分数

海洋覆盖了地球表面约70%的区域。怎样才能将70%表示为一个分数？请你用最简单的形式表示出来。你是怎么转化这个分数的？

聚焦技能

探究技能：实验

一座山需要数千年的时间才能形成，然而它可以在一天之内就被改变。山体滑坡是山体剧烈变化的一种方式：土壤和岩石突然滑下山坡，甚至可能冲走房屋和树木。为了研究山体滑坡现象，科学家会做实验（experiment），然后根据实验结果得出结论。

▶ 学习

实验前需要先设计实验方案，并按照设计好的方案来验证实验假设。实验方案是一组有顺序的步骤，它告诉我们首先、其次和最后需要做的事情。遵循实验方案的步骤时，将观察到的现象记录下来是非常重要的。观察可以帮助我们从实验结果中得出结论。多做几次实验吧！这样，我们可以更有把握地知道实验结果是否正确。

▶ 尝试

有没有办法来减轻山体滑坡造成的破坏？做出一个假设，然后用实验来验证你的假设。

材 料 土壤，花盆，岩石，树枝，木块，水，洒水壶，塑料桌布，2～3本书，托盘。

1. 在长方形花盆底部铺上干燥的土壤，把岩石和树枝插进土里，放一些小木块当作房子。往土里洒水，直到它变湿。
2. 把塑料桌布铺在桌面上，然后把花盆放上去，用2～3本书支起花盆的一端，把托盘垫在花盆的另一端下面。

3. 请你预测一下，土壤在暴雨的冲刷下会发生什么变化，将你的预测记录在类似下面的表格中。

步骤	预测	观察结果
步骤4 没有墙或屏障		
步骤5 花盆顶部有墙		
步骤6 花盆底部有屏障		

4. 用一个洒水壶往花盆高的一端浇水，记录发生的现象。

5. 重复步骤1和步骤2。这一次，在花盆顶部附近的土里插一块木块当作墙，再重复步骤3和步骤4。

6. 重复步骤1和步骤2。这一次，放一块跟花盆差不多宽的木头在花盆底部当作屏障，然后重复步骤3和步骤4。如果你有时间，再次重复整个实验。

7. 分析你的实验结果，它们支持你的假设吗？请解释原因。

8. 我们可以做些什么来防止或减轻滑坡造成的破坏呢？根据你的实验结果来解释这个问题。

▶ 应用

1. 如果在山顶附近设置屏障，你认为会发生什么？如果一个屏障在山顶，另一个在山脚呢？如果每个房子周围都有栅栏呢？从这些想法中挑选一个，或者提出新的问题，做出新的假设。

2. 设计一个新的实验方案来验证你的假设。注意要记录下实验过程中观察到的现象，多进行几次实验，并根据实验结果得出结论。

第2课

运动的地壳

看一看，想一想

这些高耸的山脉原先可能是一片平坦的地面。为什么这些岩层会上升和倾斜？地壳发生了什么变化？

探究活动

地壳的形状是怎样发生改变的？

做出预测

请你预测平坦的岩层对压力会有什么反应。

检验预测

1. 把 3 块彩色的黏土捏成薄薄的土层，再把这三层黏土像三明治那样按压在一起。
2. **建立模型** ⚠ **小心！** 用塑料刀把这堆黏土切成两个正方形。这就是你的岩层模型。
3. 将两块积木放在一块黏土方块的左右两边，慢慢地移动积木，让它们都向着黏土的方向挤压。记录下你所观察到的现象。
4. 从第二块黏土方块的顶部向底部以一定角度切一刀。用这块黏土重复步骤 3，记录下你所观察到的现象。

材　料

- 黏土（3 种颜色）
- 塑料刀
- 两块积木

步骤 2

得出结论

5. 挤压会导致黏土层发生什么变化？这个实验模拟了哪种地貌？
6. **解释数据** 切割后的黏土在被挤压时有什么新的变化？为什么？
7. **推理** 根据模型解释岩层是如何被折叠或抬升的。

进一步探究

比较缓慢而稳定的压力和强烈而突发的压力对黏土块各有什么影响。制作新模型来进行实验。

读一读，学一学

基本问题

地壳是如何变化的？

词汇

断层
高原
褶皱
山
地震
地震波
地震仪
火山

阅读技能

因果关系

原因→结果
→
→
→
→

地壳是如何运动的？

地球是由不同圈层组成的。其中地壳是最薄、最外面的一层，地幔位于地壳之下。

板块

地球表面被分成几个巨大的岩石板块。**板块**是由地壳和地幔顶部的一小部分组成的。地壳和地幔都是固体，但地幔的顶部有一部分可以流动。当地幔流动的时候，地球板块就会跟着移动。

移动的板块会相互碰撞或者相互分离，这改变了地壳的形态。就像你很难感受到指甲的生长一样，大多数时候，地球板块移动的速度也慢到我们根本感觉不到。但是，有些时候板块的移动又是如此剧烈，剧烈到我们无法忽略！

正在形成的山脉

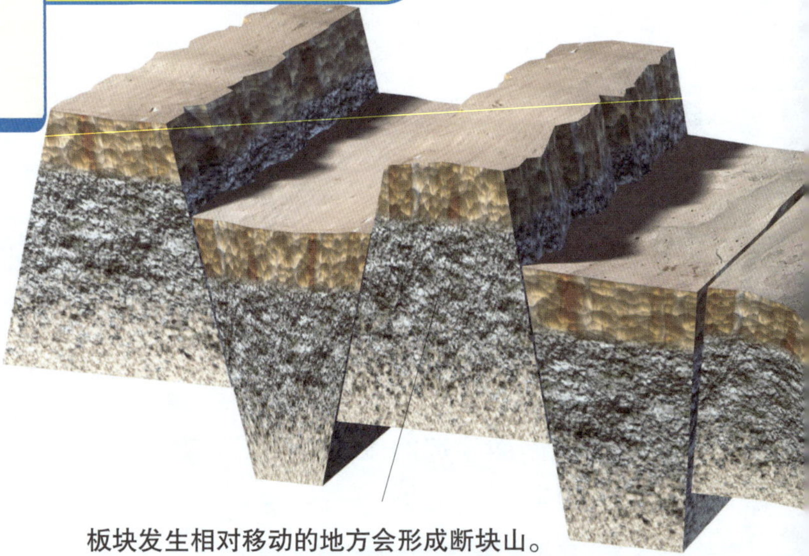

板块发生相对移动的地方会形成断块山。

断层

板块受到压力或张力时，地壳中就可能形成断层。断层（fault）是地壳运动时产生的断裂构造。

断层一侧的岩石会被抬升，而另一侧的岩石会被压低。断层有时会形成**断块山**。如果抬升的陆地范围很广，就可能形成高原，高原（plateau）是一种海拔很高但地势相对平坦的地貌。

褶皱

大陆板块边缘的某些陆地，受板块之间的挤压作用，会形成褶皱。褶皱（fold）是岩层在构造作用下发生的弯曲变形。

如果陆地被持续挤压，褶皱就会抬升，形成山。山（mountain）是一种高耸的地貌。随着时间的推移，风雨会将山上的岩石变成碎片，改变山的形状。

断块山

褶皱山

在板块相向运动的地方可以形成褶皱山。

读　图

比较断块山和褶皱山分别是如何形成的。

线索　在图中找出两种山的差异。

快速检测

因果关系　山脉的形成有哪两种方式？

批判性思维　为什么地球上只有某些地方形成了山？

地震是如何发生的

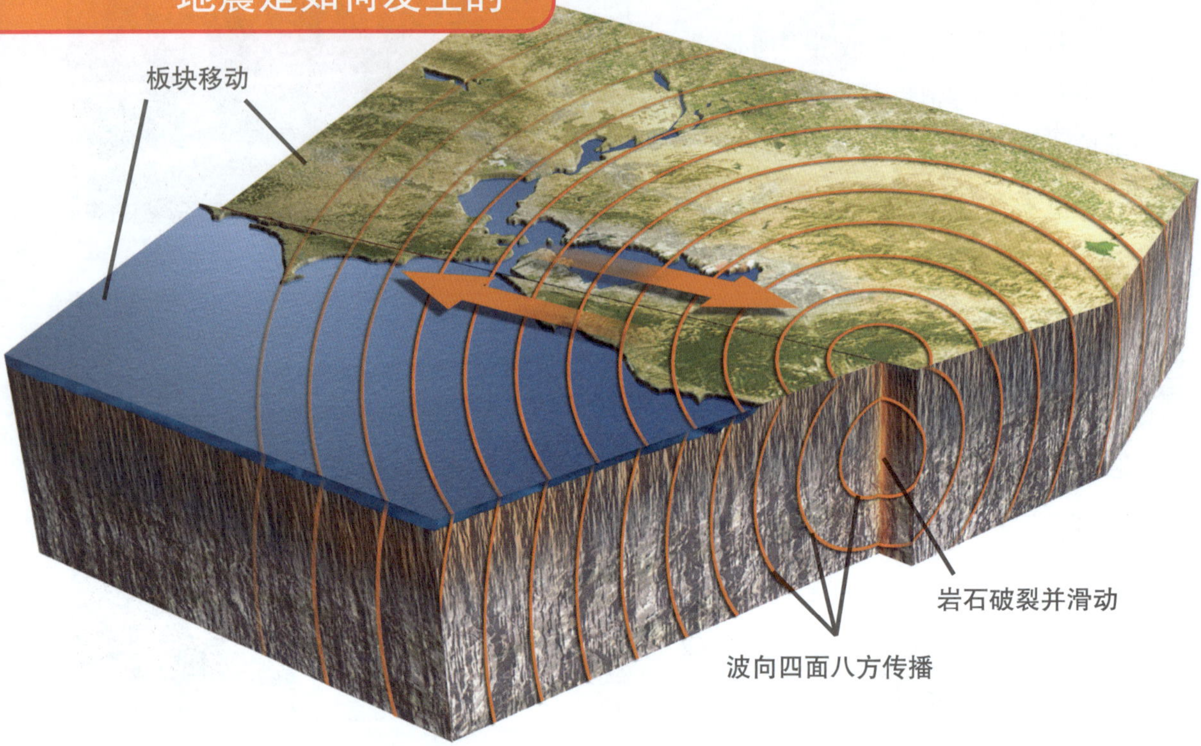

导致地震的原因是什么?

地震(earthquake)是地壳的突然振动,通常是由断层的突然运动引起的。板块受到压力或张力作用时,会积累能量。这种能量可以被储存在地壳里很多年,然后在突然间被释放出来。能量释放的时候,岩石会破裂并沿着断层移动。在有活跃断层的地方,地震很常见,比如美国阿拉斯加州和加利福尼亚州的部分地区就常常发生地震。

地震的传播

地震发生于地下。断层突然运动,释放的能量使地壳振动,振动产生的波会向四面八方传播。

你试过把小石子丢进水塘里吗?地震时产生的波就像水里泛起的涟漪那样传播。离地震中心越远,波就越弱。即便如此,在离震源数百千米远的地面,我们仍可能感受到地面的振动。

真相 没有一个科学家成功预测过大地震。

地震安全

大多数地震强度都很微弱，这种地震我们甚至根本感觉不到。但是，有些地震却会造成严重的危害。在这种大地震中，建筑物和道路都可能会断裂，桥梁也可能会坍塌。

如果脚下的地面开始摇晃，你知道该怎么办吗？遵循一些简单的规则，可以在地震中保护自己。如果在室内，请躲在坚固的桌子底下或门口；如果在室外，请远离树木、电线和其他任何可能会掉下来的物体。

海底地震

有些地震发生在海底。倘若海底地震的强度足够大，也会导致洋壳突然隆起。发生这种地震时，请务必当心，海岸地区很可能发生**海啸**！海啸会对海岸造成巨大的破坏，它们可以摧毁所经之处的一切。

快速检测

因果关系 地震是如何引起海啸的？

批判性思维 如果海啸来袭，你怎么做才能保证自身安全？

科学家怎样研究地震？

任何运动都能产生波。**地震波（seismic wave）**是地震产生的波。

当地震发生时，地震波从震源向四面八方传播。地震波由多种波组成，每种波以不同的速度传播。有的波沿着或靠近地球表面传播，有的波则可以穿过地球内部。

测量地震波

科学家用地震仪来测量地震波。**地震仪（seismograph）**可以探测和记录发生的地震，它把地震波以锯齿状线条的形式描绘在图表上，这些线条表示地面振动的强度。地震越强烈，曲线起伏的幅度越大。

地震仪研究简史

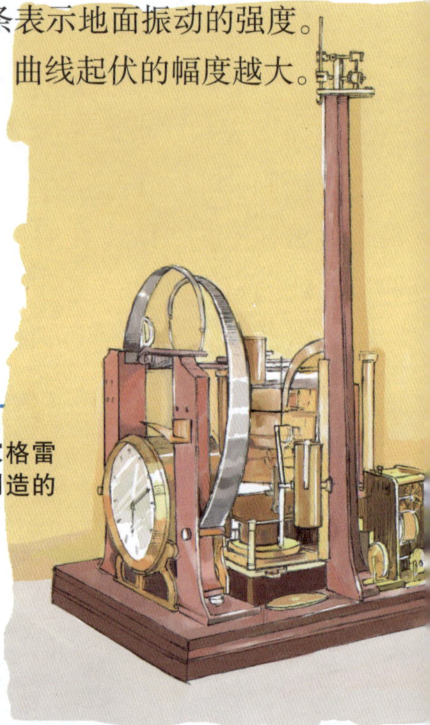

英国科学家格雷和米尔恩制造的地震仪。

中国的张衡发明了地动仪。

意大利科学家发明的地震仪。

公元 132 年　1856 年　1885 年

地震网

地震发生时，首先要解决的问题便是“它发生在哪里？”地震学家组建了一个全球的地震网，用来收集每个地震监测站的数据，以此计算出地震发生的位置和深度。

快速检测

因果关系 什么产生了地震波？

批判性思维 为什么下图所示的地震波的幅度有大有小？

迷你实验

听声辨物

1. 老师会给你一组容器。请你制订一个实验计划，要求在不打开容器的情况下辨别出容器里装的分别是什么。
2. **观察** 按照你的计划，确保不要损坏容器。记录下你所观察到的现象。
3. **解释数据** 研究你的数据，它们提供了哪些线索？
4. 你认为每个容器里装的是什么？制作一个图表来展示你的结论。

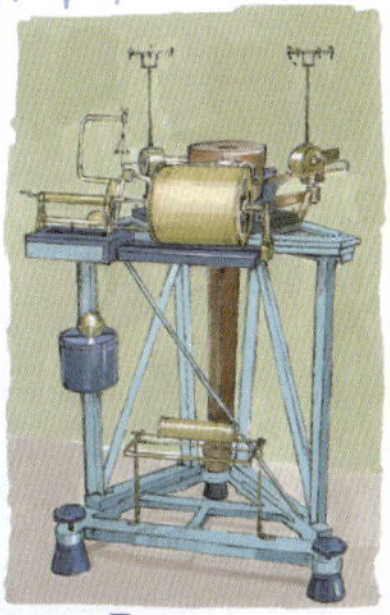

德国科学家维歇特发明的地震仪。

美国科学家发明了海底地震仪。

1899 年

1937 年

读 图

随着时间的推移，地震仪是如何演变的？

线索 沿着时间线，从左到右进行描述。

什么是火山?

火山（volcano）是指岩浆穿过地壳裂缝，在地表形成的山。有时，地球内部的物质会从火山口喷出，科学家把这样的事件称为**火山喷发**。

火山喷发会将熔岩、气体、火山灰或碎石块喷射到空中。地球内部熔化的岩石称为**岩浆**。上涌到地球表面的岩浆称为**熔岩**。熔岩会逐渐冷却、凝固，变成火成岩。随着火山喷发次数的不断增加，熔岩层和火山灰不断积累，火山就会渐渐变成一座高山。

有的火山在休眠了许多年后可能还会突然喷发，有的火山在过去经常喷发，但现在则不会再喷发了。

火山形成的位置

大多数火山位于板块的交界处。当两个板块碰撞时，其中一个板块会被挤压到另一板块之下。挤压过程会产生热量，使地壳中的岩石熔化成岩浆，岩浆上涌至地表就会形成火山。

有些火山位于板块分离处。岩浆会沿板块分离而产生的空隙上涌到地表，形成火山。

还有一些火山远离板块交界处。这些火山通常形成于热点，**热点**指的是地壳非常薄的地方，那里的岩浆可以很容易地冲破地表。美国夏威夷群岛就是在太平洋的一个热点上形成的，那些岛屿就是海底火山出露海面的顶部。

快速检测

因果关系 火山喷发是如何形成高山的?

批判性思维 什么时候应该与火山保持安全距离?

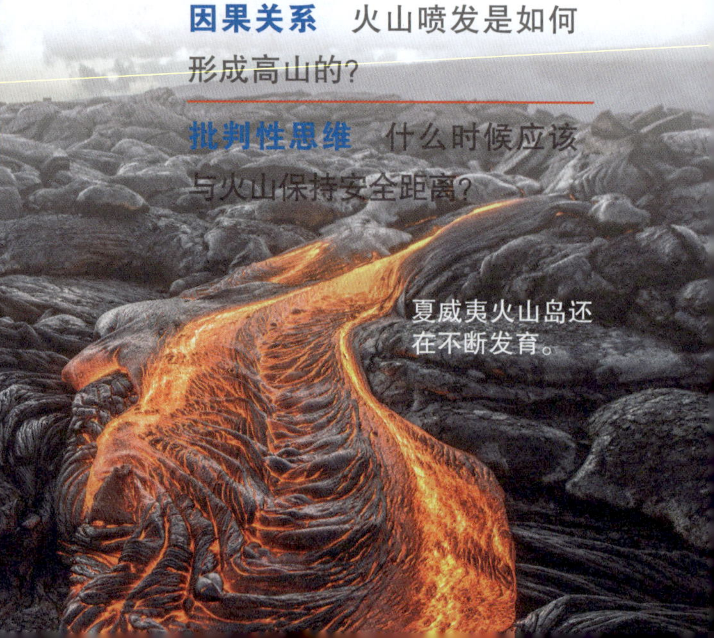

夏威夷火山岛还在不断发育。

课后回顾

摘要

地壳和上地幔顶部可以分成一些缓慢移动的板块。在板块交界处可能形成山。

地震是地壳的突然振动。一般发生在断层处，并能释放地震波。

火山是岩浆穿过地壳裂缝在地表形成的山。火山可以形成高山。

制作 **折叠式学习卡**

如图所示，制作一个折叠式学习卡，并用它来整理你本课所学的相关知识。

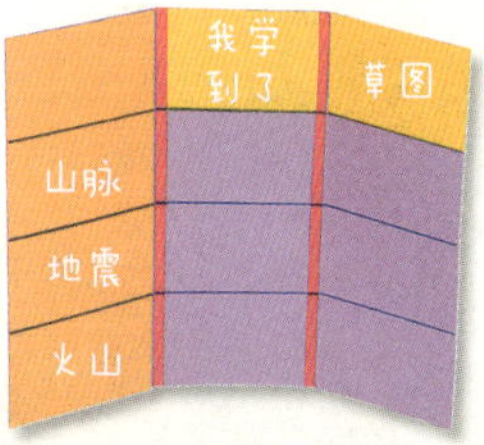

想一想，说一说，写一写

1. **词汇** 地震产生的波叫______。

2. **因果关系** 山的形成有哪三种方式？

原因→结果
→
→
→

3. **批判性思维** 地球板块移动得很缓慢，为什么地震却会突然发生？

4. **测试** 哪种仪器可以用来观测地震？

   A 地球仪　　B 示波器

   C 天平　　D 地震仪

5. **基本问题** 地壳是如何变化的？

数学链接

测量距离

一种地震波以每秒 7 千米的速度穿过岩石。请问这种波需要花多少时间才能从美国圣弗朗西斯科传到 4100 千米远的纽约？

社会链接

撰写研究报告

公元 79 年，维苏威火山在意大利喷发。火山灰很快覆盖了庞贝城。请你研究这一事件并写一份报告，描述这次火山喷发的影响。

带你认识
罗·金兹勒

罗·金兹勒是美国自然历史博物馆的一名科学家，她对研究火山和火山岩非常感兴趣。

罗前往加利福尼亚州北部的喀斯喀特山脉地区，在沙斯塔山和药湖等活火山附近采集火山岩样本。她想要研究岩浆是如何穿过地表的。回到实验室，她会将火山岩样本进行高温、高压处理，以便研究地球深处是怎样形成岩浆的。

罗在夏威夷的基拉韦厄火山收集火山岩样本。

火山岩是熔岩在地球表面冷却形成的岩石。

不只陆地上有火山，海底也有很多火山。罗和其他科学家已经开始研究海底火山。为此，他们利用了一种称为潜水艇的小型水下交通工具。

这些科学家考察了世界上最长火山带中的大西洋中脊部分。罗是少数几个见过它真面目的科学家之一。她和其他科学家一起通过“阿尔文号”潜水艇的舷窗，仔细观察了这片区域，并将观察到的情况绘制成海底地图。

▲ 潜水艇可以带科学家潜入海底。

因果关系

- “原因”是指用来回答为什么会发生某事。
- “结果”是指用来回答某事造成了什么后果。

写作

因果关系　与你的同学一起阅读这篇文章。绘制一张因果关系表，记录罗为什么要考察火山、收集火山岩样本，并说明她的工作结果。

第3课

风化和侵蚀

看一看，想一想

这个海蚀拱曾是一块完整的岩石，但现在它看上去像一道门。这道“拱门”是怎样形成的呢？

探究活动

降雨是如何塑造陆地的？

做出预测

水总是沿着斜坡向下流动。下雨的时候会发生什么？请你做一个关于降雨如何塑造陆地的预测。

检验预测

1. **建立模型** 将盆栽土、沙子和鹅卵石混合起来，并在浅盘的一端堆成一堆，将它堆成一个倾斜的山坡模样。
2. 用喷水瓶模拟降雨。以均匀的速度洒水，直到山坡完全浸透。
3. **观察** 持续匀速喷水，模拟相同的降雨，观察山坡上发生的现象，并记录下来。

得出结论

4. **交流** 你的实验结果符合你的预测吗？解释山坡发生了什么。
5. **推理** 这个模型和现实生活中的陆地有什么相似之处？用你观察到的证据来说明原因。

进一步探究

降雨的速度是否会影响滑坡的泥土量？你必须控制哪些变量来验证这个假设？你会改变什么变量？试一试，并报告你的实验结果。

材　料

- 盆栽土
- 沙子
- 鹅卵石
- 浅盘
- 喷水瓶

步骤 2

读一读，学一学

▶ **基本问题**

什么能塑造和改变地球的地貌？

▶ **词汇**

风化

侵蚀

沉积

末端

冰碛

▶ **阅读技能**

分类

什么是风化？

在年复一年的风吹雨打下，岩石会移动并改变形状。看看下面的岩石，它发生了什么？

即使是再大的岩石，也会在一定时间后破碎。**风化（weathering）**是指岩石破裂成碎屑的缓慢过程。流水、降雨和风都是导致风化现象的原因。

在遥远的未来，图中的这块岩石会大变样。它可能会碎成鹅卵石，甚至变成更小的碎屑！

▼ 为什么这块岩石会破裂？

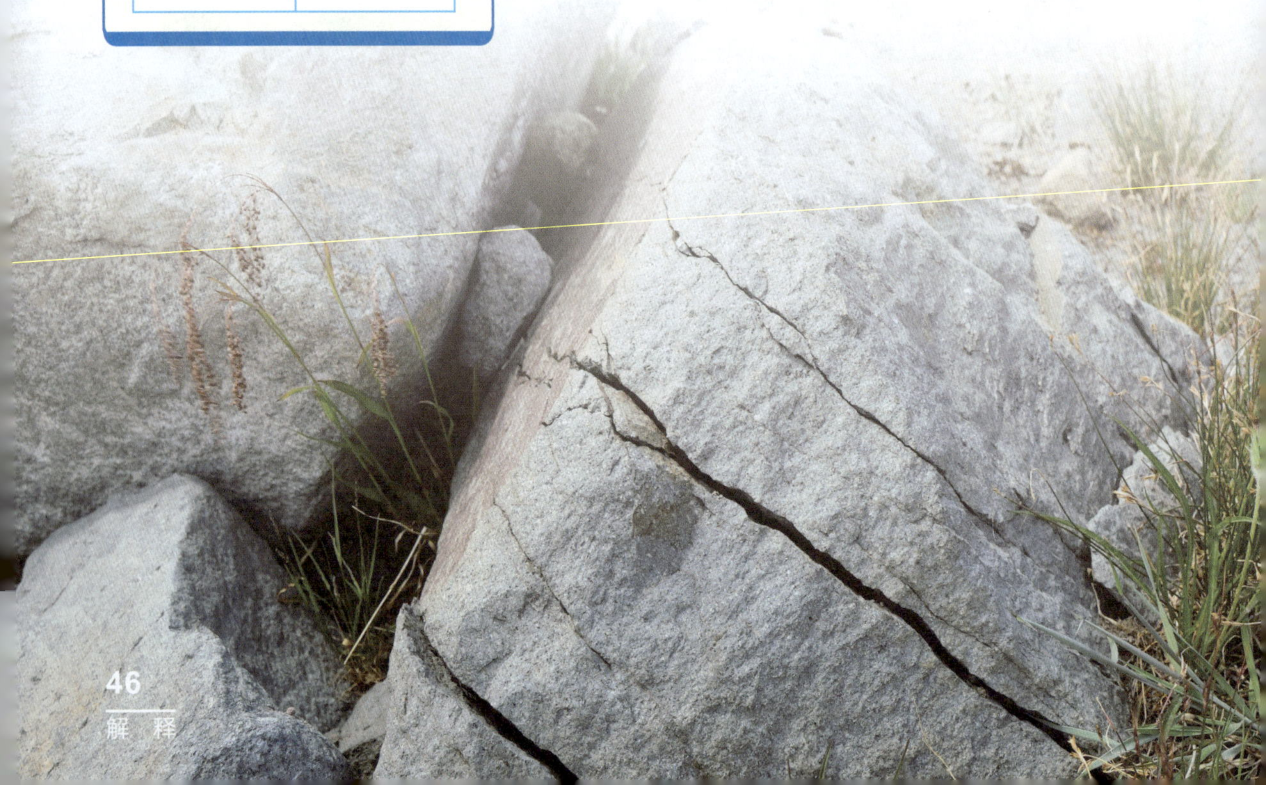

▲ 化学风化会形成像这样的石灰岩洞穴。

物理风化

岩石在不改变其化学组成的情况下，发生大小和形状的变化，称为**物理风化**。

小溪和河流中的流水可以使尖锐的岩石变得平滑；海浪拍打悬崖，可使岩石破裂；雨水渗入岩石细缝，反复的冻融作用会扩大裂缝。

生物也会导致物理风化：植物的根可以扎进岩石的裂缝。随着植物的生长，它的根变得越来越粗壮，粗壮的根会把岩石撑开。

化学风化

化学风化是指构成岩石的矿物发生了变化。氧气、酸和二氧化碳都会引起化学风化，它们会使原来的矿物变成新的物质。

你见过铁链生锈吗？水和空气会使铁生锈。含铁的岩石也会“生锈”。在水和二氧化碳的作用下，一些地方会形成石灰岩洞穴。任何生物，甚至像地衣这样的简单生物，都可以使岩石发生化学风化。

快速检测

分类 风化可以分为哪两类？

批判性思维 哪些地方可以找到风化的例子？

什么是侵蚀?

你在沙滩上堆过城堡吗？城堡最后是不是被海浪冲走了？波浪总是不停地拍打着海岸和湖岸，它们卷起岸边的沙子和碎石，然后把这些碎屑带走。

岩石或土壤碎屑被风化、带走的过程称为侵蚀(erosion)。风化和侵蚀塑造了不同的地貌。

侵蚀的原因

流水是造成侵蚀的原因之一。雨水携带泥沙流入小溪和河流，然后河水带着它们继续向下游流动，经年累月的流水能在岩石中切割出河谷。

海浪和风也会卷起小块的岩石，把它们带到别的地方。重力使山上的岩石滑下山坡。冰川在陆地上滑过时，会破坏地面。这些都是造成侵蚀的外力因素。

侵蚀的例子随处可见，你可以找到因侵蚀而在古老岩石上留下的凹槽。仔细观察一把沙子，你也可以找到侵蚀的证据。随着时间的推移，风化和侵蚀会使陡峭的山峰变得平坦。

这些高大的石柱被称为峰林。它们是由于雨水冲刷形成的。

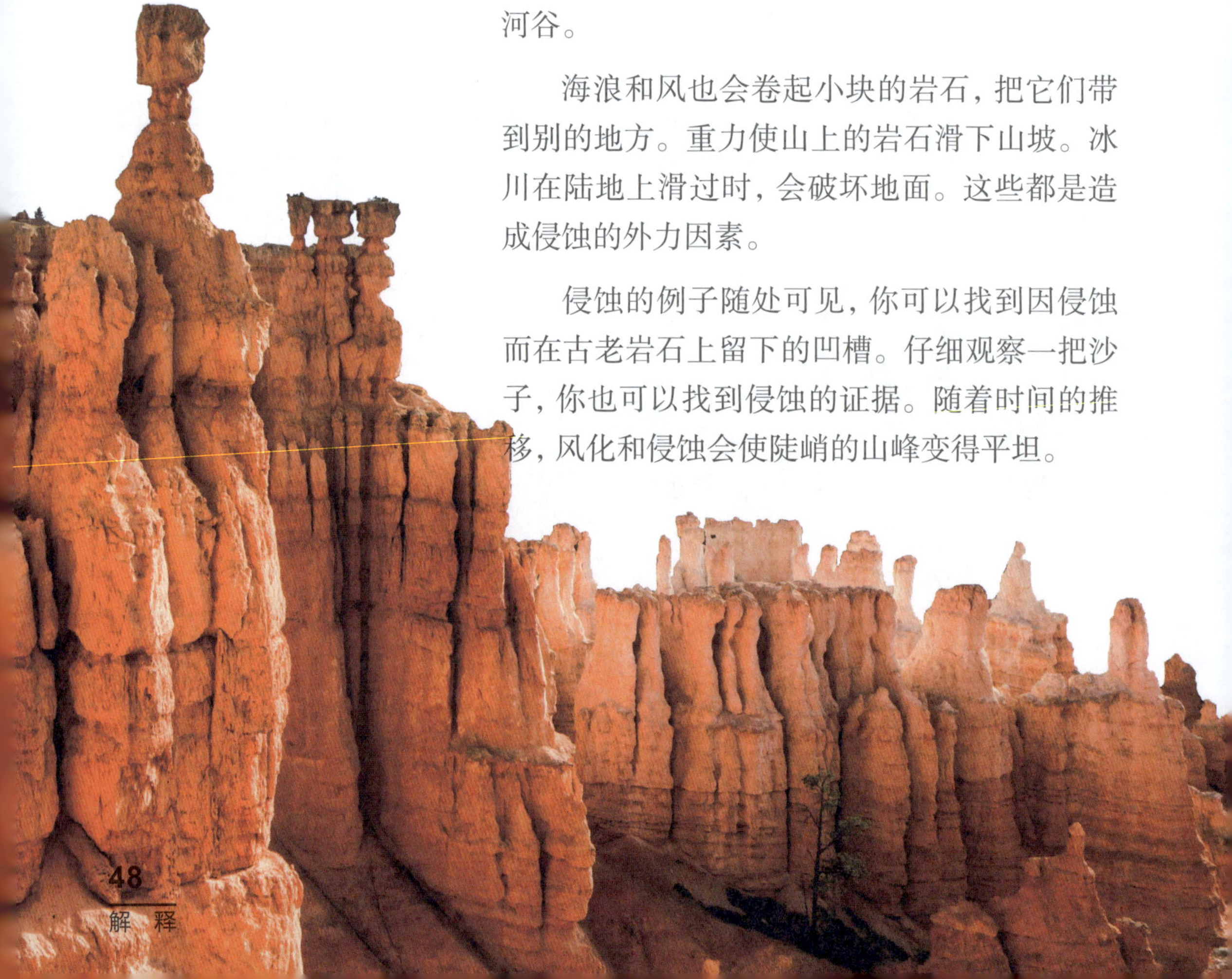

河流侵蚀

美国亚利桑那州的大峡谷，正是河流侵蚀的结果。大峡谷长 446 千米。它的平均深度是 1.6 千米。这片巨大的区域是由科罗拉多河数百万年的侵蚀造成的。

河流和小溪流过时，会带走地面上的一些岩石和土壤。这些碎屑有些会沉积在河岸上，有些则被带到河口。

沉积

沉积（deposition）是风化的岩石碎屑沉淀的过程。水的沉积作用会形成三角洲、河岸和海滩。风的沉积作用会形成沙丘。

快速检测

分类 哪些过程会造成侵蚀？哪些过程会导致沉积？

批判性思维 河流如何引起风化和侵蚀？

河流塑造陆地

读 图

用自己的话描述一下这个峡谷可能是如何形成的。

线索 观察峡谷的两侧，看看水的位置。

冰川是如何塑造陆地的?

在非常寒冷的地方，厚厚的**冰川**覆盖着陆地。一百多万年前，冰川覆盖着地球上的大部分地区。但是，如今有冰川覆盖的寒冷地区已经所剩不多了。

冰川形成在积雪速度快于融雪速度的地方。年复一年，雪越积越厚。雪丘顶部的重量给下面的雪施加了压力，于是它的底部慢慢地变成了冰。而在冰川靠近地面的地方，一些冰会融化。

切割陆地

随着冰的重量不断增加，冰川会开始移动。由于冰川的底部和侧面都覆盖在岩石上，当冰川移动时，它所覆盖的岩石会被磨蚀、剐蹭、压扁或被带走。因此，冰川能使山谷变得更宽、更陡。

▼ 这个山谷是由冰川切割而成的。

冰川遗留物

我们已经学习了冰川是如何侵蚀陆地的。冰川也会造成沉积。随着冰川融化，它们留下了所携带的岩石。这些被留下的岩石叫作**冰川碎屑**。

冰川碎屑可能是大石块或小的碎屑颗粒，里面可能含有砾石、沙子和黏土。冰川会在它的坡下或**末端（terminus）**留下大量的碎屑。

你见过一块巨石孤零零地立在地上吗？那它可能是冰川碎屑。更多的时候，冰川碎屑是由小碎石、砂砾和黏土混合而成的。这种混合物叫**冰碛物**。

冰川携带或移动的物质可以堆积形成小土丘。这类小土丘称作**冰碛（moraine）**。加拿大和美国北部至今仍能找到冰川碎屑和冰碛。

迷你实验

摩擦，摩擦

1. 比较两块冰块：一块是普通冰块，另一块是含有沙或砾石的冰块。
2. 用蜡纸或铝箔摩擦冰块。比较每种冰块在蜡纸或铝箔上留下的痕迹。
3. **观察** 把冰块放在不同的盘子里，等待它们融化，并观察发生的现象。
4. **推理** 这两块冰块是怎样模拟冰川运动的？

读图

冰川融化时，会在地面造成什么变化？

线索 追踪冰川从山顶到终点的路径。

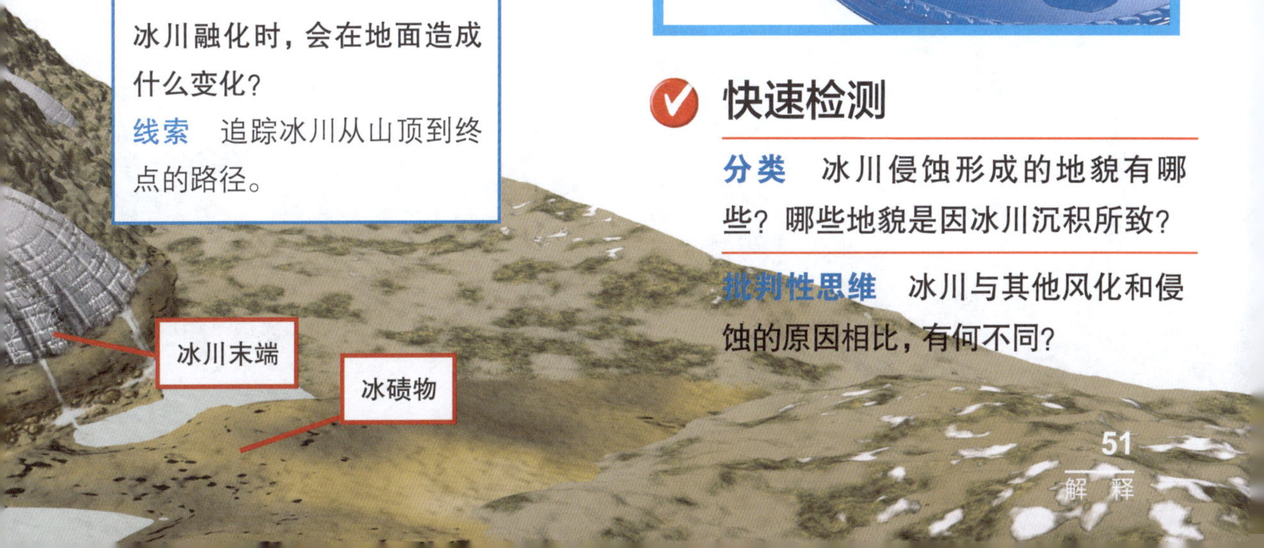

快速检测

分类 冰川侵蚀形成的地貌有哪些？哪些地貌是因冰川沉积所致？

批判性思维 冰川与其他风化和侵蚀的原因相比，有何不同？

人类如何改造地表？

自然界中的大多数改变地表的过程速度都非常缓慢，但人类可以快速改变地表。

采矿

采矿是人类改变地表的方式之一。**采矿**是指在地壳中挖掘有用的资源，如矿物、金属或燃料等。

垃圾填埋场

垃圾填埋场是人类堆放垃圾的地方。有些垃圾填埋场会形成大土丘或小山，有些则用土壤填埋后再种上植物。

森林

人类需要土地来建造农场和家园，因此经常用砍伐或烧毁森林的方式来清理土地。树木也是人类有用的资源。但是如果没有树木，土壤很容易被侵蚀。

▲ 你可以通过种植植物来保护土地。

快速检测

分类 请列出人类改造地表的常见方式。这些方式对环境有益还是有害？

批判性思维 想一想人类改造地表的其他有益方式。

▼ 这片树林已经有一部分被砍伐。

课后回顾

摘要

风化使岩石破碎成小块。风化有两种类型：物理风化和化学风化。

侵蚀是岩石和土壤的风化和移动。沉积是风化的岩石碎屑沉淀的过程。

人类以多种方式改造地表。有些方式可能对环境有益，有些则可能有害。

制作 **折叠式学习卡**

如图所示，制作一个折叠式学习卡，并用它来总结你本课所学的相关知识。

想一想，说一说，写一写

1. **词汇** 冰川碎屑汇聚在冰川的____。

2. **分类** 列出物理风化和化学风化的例子。

3. **批判性思维** 将自然风化和侵蚀导致的地表变化与人类造成的地表变化进行比较。

4. **测试** 下面哪种作用最有可能在地表切割出峡谷？

   A 化学风化　　B 风

   C 流水　　D 海浪

5. **测试** 哪种特征是由冰川携带或移动的沉积物堆积而成的？

   A 冰碛　　B 山脉

   C 山谷　　D 河流

6. **基本问题** 什么能塑造和改变地球的地貌？

数学链接

测量距离

一条冰川平均每年前进6米。请问这条冰川前进1000米需要多长时间？

社会链接

研究地图

研究有山脉分布地区的地图。说一说道路和城市的分布与河流的走向有什么关系。

科学写作

地表的变化

安如磐石，坚不可摧，但真的是这样吗？事实上，即使是最坚固的岩石，也会被风化，这是怎么发生的呢？

风把植物的种子从一个地方带到另一个地方。种子落在岩石缝隙里，随后生根发芽。

随着树根的生长，裂缝会被慢慢撑大。此外，雨水也会渗入岩石的裂缝。如果温度足够低，水就会结冰。冰的体积更大，裂缝也会被撑大。

在某一时刻，随着裂缝不断变宽，岩石彻底碎裂。随着时间的推移，这些碎石变得越来越小。经过数百万年的风吹雨打，高山也会被侵蚀成平地！

写作

说明文写作 围绕“地表随时间的推移而产生的变化”这个主题写一段话。请注意，要体现文章的中心思想，并描述最重要的细节。

提示

一篇好的说明文应该包括：
- 体现中心思想的主题句。
- 支持中心思想的事实和细节。

科学中的数学问题

消失的山

麦金利山

惠特尼山

沙斯塔山

惠勒峰

这张表列出了美国一些山的高度。

山	位置	高度(米)	高度(英尺)
麦金利山	阿拉斯加州	6194	20320
惠特尼山	加利福尼亚州	4417	14491
沙斯塔山	加利福尼亚州	4317	14162
惠勒峰	内华达州	3982	13065

山会被慢慢地侵蚀。假如麦金利山平均每年被侵蚀约 2 米，请问这座山多少年后会只剩 6174 米高？

提示

- 为了算出年数，你可以从6194米开始2米2米的倒数到6174米。你会数10次，这表示需要10年的时间。
- 另一种方法是找到被侵蚀的高度，然后将这个高度差除以 2。6194−6174=20（米），20÷2=10（年），它将需要 10 年的时间变成 6174 米高。

实践

如果侵蚀的平均速度是每年 1 米，那么

1. 20 年后的沙斯塔山将会是多高？
2. 15 年后的惠特尼山将会是多高？
3. 80 年后的惠勒峰将会是多高？

第4课

天气造成的变化

看一看，想一想

这所房子看起来怪怪的。它为什么会变成这样呢？是什么破坏了它？

探究活动

坡度对地表物质的运动有何影响?

做出假设

我们常常能看到山坡的底部堆积着滑落的土壤和碎石。那么，山坡的坡度对岩石和土壤的运动有何影响呢？请做出一个假设。

材　料

- 深的底盘
- 量杯
- 盆栽土
- 砾石
- 沙子
- 米尺

验证假设

1. 将盘中等量的土壤、砾石和沙子搅拌均匀，然后轻轻拍打这些混合物，把它们拍平。
2. **预测**　当你抬起盘子一端时，会发生什么？记录下你的预测。
3. **观察**　将盘子一端抬高 4 厘米，记录发生的现象。接下来每次继续抬高 4 厘米，直到盘子直立。把每次抬高后观察到的现象记录下来。

步骤 1

步骤 3

得出结论

4. **解释数据**　抬高盘子的一端出现了什么现象？
5. 坡度与土壤和岩石的运动存在什么关系？

进一步探究

突然下起的倾盆大雨会对非常陡峭的斜坡造成什么影响？你如何测试这个问题？你会控制哪些变量？打算改变哪些变量？试一试，并报告你的实验结果。

读一读，学一学

基本问题

天气如何改变地表？

词汇

洪水

龙卷风

飓风

滑坡

雪崩

阅读技能

推理

线索	已知信息	推理信息

洪水和火灾如何改变地表？

侵蚀和沉积会缓慢地改变地表。那么有什么因素可以迅速改变地表呢？

洪水

大雨或快速融化的积雪会导致水在陆地上流动，这些水可能无法及时渗入泥土里。于是，大量的水在地面上流动，有些会流入小溪和河流，多余的水则可能会溢出到小溪或河流的两岸，然后两岸的陆地就会被淹没。洪水（flood）就是指溢出河流淹没陆地的大量流水。

排水系统不能快速地将水排出时，水便从下水道溢出，街道就会被淹没。

洪水会带来泥沙，这些泥沙和水会给我们造成危害。洪水会快速地侵蚀土壤，它们能冲走所经之处的树木和其他任何物体。

洪水对自然界也有好的方面。洪水过后，沉积的新土壤营养丰富，有助于植物的生长。

火灾

降雨太少时，就会导致干旱，容易发生火灾。许多火灾是由闪电引起的。火能很快地烧毁森林，森林中的动物因此失去了它们的栖息地。草原上，干燥的植物和风都是有效的助燃物。不过，自然火灾发生过后，大多数地方都能慢慢恢复过来。

真相 火灾也可以帮助森林里的植物生长。

火灾和洪水前后

读 图

洪水和火灾是如何改变地表的？

线索 比较洪水前后的图片和火灾前后的图片。

快速检测

推理 什么类型的天气会导致洪水和火灾？

批判性思维 人们如何预防森林火灾？

消防安全

粗心大意也会引起火灾。我们在点燃营火或在野炊时，可以通过确认周围的环境来预防野火。记住，千万不要在干燥的地方生火，千万不要随意玩火。

风暴如何改变地表？

你听过“不雨则已，雨则倾盆”这句谚语吗？一场阵雨可能只会在地上形成一些水坑，而一场猛烈的风暴则可以彻底改变一片区域的地表。

龙卷风

雷暴能引发一种叫作龙卷风的猛烈风暴。龙卷风（tornado）是一种旋转的气流，它们在地面上移动时，直径范围比较狭窄，但龙卷风移动时，破坏性很强，它会卷起或摧毁沿途的一切。

龙卷风在美国的大平原地区很常见。事实上，那里的一片特定区域甚至被称为“龙卷风走廊”。

飓风

如果你到美国沿海或墨西哥湾地区，可能会遇见飓风。飓风（hurricane）是一种巨大的旋涡状风暴。在它的中心是一个叫飓风眼的地方。飓风眼是一片气压极低的区域。强风、云墙和暴雨都环绕着飓风眼。

飓风比龙卷风威力强得多，它的直径范围可以达几百千米，持续时间也比龙卷风长得多。

飓风在赤道附近的温暖洋面上形成，所经之处能掀起巨浪。飓风向海岸移动时，风浪会把水拍上岸，所以可能引发大规模洪水。飓风带来的大雨也会加剧洪水灾害。飓风的破坏性并不止于此。在陆地上运动时，飓风能把树连根拔起，把建筑物夷为平地。它可以在一天内改变整个生态系统。

飓风在一些地方出现得越来越频繁。科学家发现，高温是诱发飓风的重要因素之一。

飓风的危害

读 图

飓风如何改变人们的生活？

线索 想一想在下图所示的地方生活或工作的人们。

迷你实验

海滩上的风暴

1. **建立模型** 在浅盘的一端倒一些沙子并压实，作为海滩。在另一端加水，以水没到海滩的一端为宜。
2. 将尺子在水中来回拨弄，制造一些海浪，观察海滩的变化。加快移动尺子的速度，制造更高的海浪，继续观察。
3. **推理** 风暴会带来更高、更强的海浪。风暴和海浪对海滩侵蚀有何影响？

快速检测

推理 为什么进行风暴预测很有必要？

批判性思维 龙卷风和飓风有哪些相似的地方？又有哪些不同？

滑坡如何改变地表?

斜坡底部经常有一些岩石堆，它们为什么在那里？答案之一是重力。**重力**把岩石和其他物体从高处带到低处。

大雨会导致松散的岩石和土壤迅速地沿着斜坡滑落。**滑坡**(landslide)是指大量的岩石和土壤突然向下滑动的现象。

雪崩发生的情况与滑坡有些相似。发生**雪崩**(avalanche)时，大量的冰和雪会从山上冲下来。

科学家一直在研究，以便能预测何时、何地会发生山体滑坡和雪崩，但目前还无法准确预测。所以，我们在靠近山区的时候要格外小心。

快速检测

推理　在哪些地貌附近可能会发生滑坡?

批判性思维　为什么在一个松软的山坡上建城镇有很大风险?

这种雪崩会改变地表。

课后回顾

摘要

降雨过多会导致洪水，降雨过少则会导致干旱，甚至火灾。这两者都能使地表发生剧烈变化。

龙卷风和飓风属于强风暴，会使地表发生剧烈变化。

发生滑坡和雪崩时，大量的土、冰和雪会突然滑落。

制作 **折叠式学习卡**

如图所示，制作一个折叠式学习卡，并用它来总结你本课所学的相关知识。

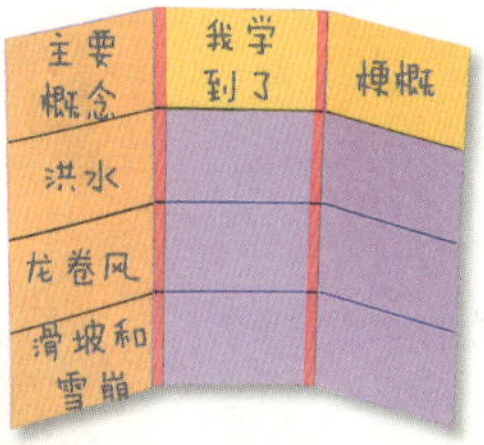

想一想，说一说，写一写

1. **词汇** 可以用哪个词来描述一场大的、突然的冰雪滑坡？
2. **推理** 某海滩上有一些倒下的棕榈树。你认为哪类事件最可能会造成这一结果？填写下表，厘清思路。

线索	已知信息	推理信息

3. **批判性思维** 有些收音机是靠电池供电的。这样的收音机可以怎样帮你度过一场强风暴？
4. **测试** 下列事件中，哪一种可能会帮助植物生长？

   A 飓风　　B 龙卷风

   C 森林火灾　　D 山体滑坡
5. **基本问题** 天气如何改变地表？

写作链接

写一篇报道

请你研究最近发生的一场飓风或者龙卷风，写一则描述这场风暴的新闻报道。请注意，在你的报道中需要包括事实和细节，最好加上目击者的评论。

社会链接

研究一个事件

美国新罕布什尔州曾有一片被称为“山中老人”的岩层。查找资料了解“老人”发生了什么事，然后将改变它的事件描述出来。

科学探究

材 料

铝盆

彩色黏土

水

彩色铅笔

纸

土壤和砾石

塑料杯

结构化探究

河水泛滥时，环境会发生什么变化?

做出假设

河流可以将大量的物质从一个地方搬运到另一个地方，这些物质包括一些矿物和岩石。洪水侵蚀河岸时，这些物质会去哪里？以“如果河流泛滥，水里的物质将会沉积在……”的形式写下你的假设。

验证假设

1. **建立模型** 构建一个河流和周围陆地的模型。在一个铝盆内用黏土塑造平坦的河床，陆地部分也要弄平整。
2. 向河里倒入刚好够填满河道的水。画出你的模型。
3. 准备一杯混入了土壤和砾石的水来模拟洪水。
4. 把模拟的洪水倒进河道里。这些水到哪儿去了？在纸上画出被淹没的河岸区域。

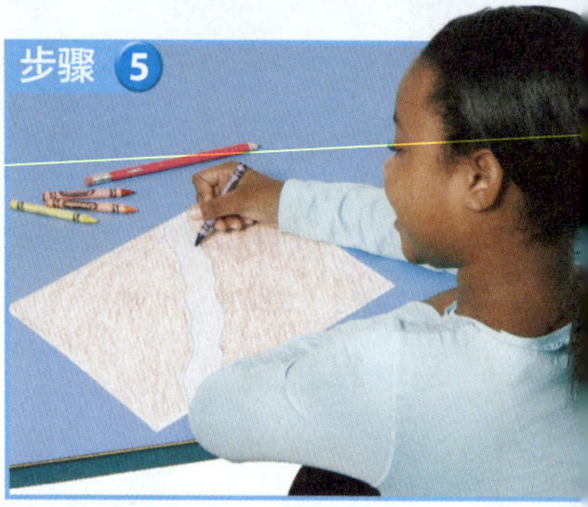

5. **观察** 把淹没的河岸放置一夜，让它变干，第二天观察并记录下发生的变化，再将模型画出来。
6. **交流** 描述陆地上沉积物的分布情况。

得出结论

7 河水泛滥时，你的模型发生了什么变化？

8 **推理** 洪水对河岸边的植物、动物和农民有何帮助？

指导性探究

洪水水量对危害程度有何影响？

做出假设

洪水的水量对其造成的危害程度有何影响？把你的假设以“随着洪水水量的增加，水带走的物质数量将……”的形式记录下来。

验证假设

设计一项探究活动来验证你的假设。写下需要的材料和实验步骤。记录下观察到的现象和结果。

得出结论

实验结果是否支持你的假设？为什么支持或不支持？解释你是如何设计实验来测试单一变量的。

开放性探究

你对洪水了解多少？例如，在洪水中，什么类型的土壤最容易被冲走？设计一项探究活动来回答这个问题。一次实验只能测试一个变量。写下你的实验步骤，这样其他人就可以按照你的步骤和说明来进行重复实验。

谨记 遵循科学过程的步骤。

提出问题
↓
做出假设
↓
验证假设
↓
得出结论

第1章 复习和测试

摘要

第 1 课 地球表面分布着像山脉和山谷这样的地貌。地球内部有四层结构。

第 2 课 地球表面可分为几大板块。许多地貌是在板块边缘形成的。

第 3 课 风化、侵蚀和沉积都是塑造地貌的缓慢过程。

第 4 课 洪水、火灾、风暴、雪崩和山体滑坡都会使地表发生剧烈变化。

制作 折叠式学习卡

把每一课的学习卡像下图所示那样粘到一张纸上，并用它来总结你本章所学的相关知识。

词 汇

DOK 1

从下列词汇中选出最恰当的词进行填空。

地壳	飓风	沉积
内核	侵蚀	冰碛
断层	火山	洪水
风化		

1. 地壳运动时产生的断裂构造称为________。
2. 物理________是只改变岩石大小和形状的过程。
3. 位于地球最中心的固态球体称为________。
4. 冰川携带或移动的物质形成的小土丘叫作________。
5. 暴雨会导致________。
6. 我们观察到的地貌是地球________的表面特征。
7. 一场猛烈的、旋转的，伴有强风和暴雨的风暴称为________。
8. 河流中的沉积物________形成三角洲。
9. 重力、波浪、风和冰川风化和搬运碎石时，________发生了。
10. ________喷发时，将岩浆、火山灰和气体喷射到空中。

科学技能和科学概念

DOK 2～3

请回答下列问题。

11. **推理** 为什么火山常位于板块的交界处而不是板块的中心？

12. **建立模型** 设计模型来说明风是如何造成侵蚀的。可以利用一个扁平的容器、稻草和沙子来作为材料。风如何搬运不同的材料？解释你的实验结果。

13. **批判性思维** 科学家是如何得到地球内部各层结构的信息的？

14. **说明文写作** 解释雪是如何造成风化和侵蚀的。

15. **因果关系** 断层处如何形成山？

16. **预测** 一块土地在一场暴雨来临之前犁好了，暴雨对新犁好的土地会产生什么影响？

17. **判断正误** *峡谷是因风的侵蚀而形成的。*这句话是对还是错？为什么？

18. **判断正误** *大峡谷一直深到地幔。*这句话是对还是错？为什么？

19. 美国夏威夷群岛是因为什么形成的？

A 火山　　B 冰川

C 褶皱　　D 断层

大概念

20. 什么会引起地球表面的变化？

表现性评价

DOK 3

制作龙卷风

活动步骤

1. 把岩石、土壤和其他较重的材料置于桶底后，将桶装满水。
2. 在桶里放一把汤勺或一根棍子，快速搅动以模拟在水中发生的龙卷风。
3. 描述你放在桶底的材料发生了什么变化。

分析结果

解释水底的材料在模拟龙卷风发生时出现的变化是怎么产生的。不同材料之间有什么区别吗？你做的模拟龙卷风和真正的龙卷风相比怎么样？

测 试

1 下面的图片展示了小溪两边的岩石和沙子。岩石和沙子的沉降是哪个过程？
DOK 1

A 沉积　　B 风化
C 喷发　　D 搬运

2 以下情况中，哪个最有可能塑造这一沙漠地貌？
DOK 2

A 降雨　　B 风
C 流动的水　　D 冻结的水

3 下面哪幅图最有可能是最早的河流？
DOK 2

A
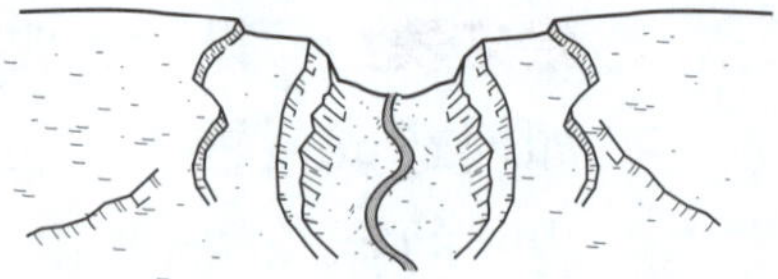

B
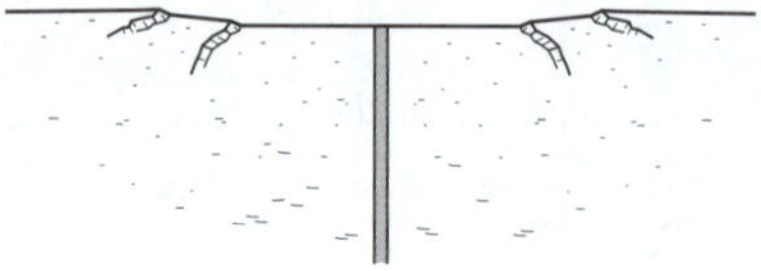

C
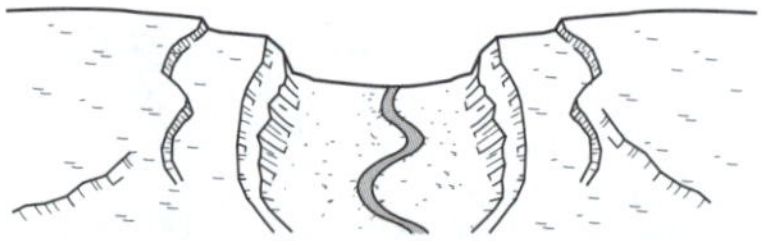

D
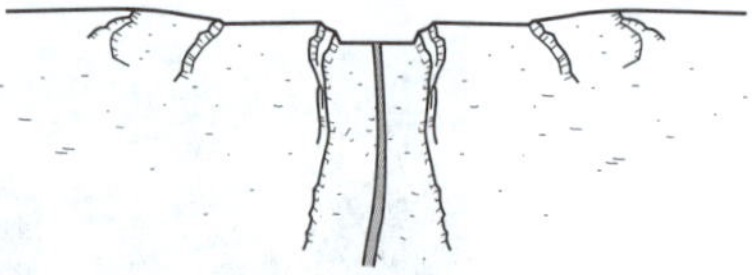

4 随着时间的推移，热点上可能形成哪种地貌？
DOK 1

A 三角洲
B 断层
C 褶皱
D 小岛

5 以下哪项不会造成侵蚀?
DOK 1

A 重力

B 流水

C 风

D 阳光

6 以下哪种自然现象不能导致地球表面发生剧烈变化?
DOK 1

A 山体滑坡

B 风化

C 地震

D 火山喷发

7 以下哪项不是冰川导致的?
DOK 1

A 地表的侵蚀

B 火山喷发

C 山谷变宽

D 沉积的巨石和碎石

8 龙卷风不能引起以下哪种情况?
DOK 1

A 树木连根拔起

B 建筑物被夷为平地

C 栖息地被毁坏

D 形成冰碛

9 哪个事件最有可能引发洪水?
DOK 1

A 火山喷发

B 龙卷风

C 飓风

D 森林火灾

10 据图回答问题。

描述两种不同的造山方式。
DOK 1

描述两种可以改变山体形态的外力。
DOK 2

检　查

问题	对应页码	问题	对应页码
1	49	6	36~40,46~47,58,62
2	24,46~49	7	50~51
3	48~49	8	60
4	40	9	40,58,60
5	48~49,62	10	35,40,46~52

第2章

节约地球资源

大概念

什么是地球资源，我们应该如何保护它们？

基本问题

第1课

岩石的种类为什么会如此众多？

第2课

每个地方的土壤为什么都不一样？

第3课

什么是化石和化石燃料？

第4课

人们如何获得和使用水？

第5课

人们如何减少污染和节约资源？

大概念

核心词汇

矿物　地壳中的一些天然固态非生物。

表土层　富含腐殖质和矿物质的土壤表层。

化石燃料　数百万年前的有机体残骸形成的能源。

水库　储存和调节水流的水利工程。

污染　将有害或多余的物质排放到环境中。

节约　合理利用资源，减少浪费。

第1课

矿物与岩石

看一看，想一想

所有的岩石中都含有矿物，图中展示的矿物是石英。石英矿物色彩非常漂亮，它可以是粉色的、白色的，甚至是紫色的。为什么有些岩石看起来并不像石英那样缤纷多彩？

探究活动

是什么导致了岩石的多样性?

活动目的

探究不同岩石的特性。

活动步骤

1. 观察每一块岩石。它是什么颜色的? 它的形状是怎么样的? 它摸起来感觉怎样?
2. **交流** 做一张图表，记录下你所观察到的现象。
3. **观察** 选一块具有多种颜色的岩石。用放大镜观察相同颜色的部分。这些部分是光亮的还是暗淡的? 粗糙的还是光滑的? 在表格中记录下你的观察结果。
4. 选择同一块岩石中另一种颜色的部分，呈这种颜色的部分看起来又是怎样的?

得出结论

5. **推理** 岩石中不同颜色的组成物质是否相同? 请解释原因。
6. 为什么这些岩石各不相同?

进一步探究

选择其中一块岩石，你是如何识别岩石并知道它是由什么物质组成的? 做一些研究，并写一份报告分享你的发现。

材料

不同的岩石、放大镜

读一读，学一学

基本问题
岩石的种类为什么会如此众多？

词汇
矿物
火成岩
沉积岩
相对年龄
变质岩
岩石循环
资源

阅读技能
排序

首先 → 其次 → 最后

什么是矿物？

为什么岩石各不相同？要回答这个问题，我们先要来认识一下矿物。**矿物（mineral）**是构成岩石的一种天然非生物。实际上，矿物是岩石的主要组成部分。

目前，科学家已经确定了3000多种矿物。这是如何做到的？他们观察了不同矿物的性质。**性质**是指用来描述某事物的特征。看看本页展示的矿物，每一种都有不同的性质。

颜色

颜色就是一种性质。比如，云母是白色的，黄玉可以是蓝色的。但是，单凭颜色还无法鉴别岩石，因为许多矿物有相同的颜色。像石英这样的矿物甚至可以有很多种颜色！

硬度

硬度也是一种性质，它是指一种矿物能够在另一种矿物上划出痕迹或被另一种矿物划出痕迹的能力。莫氏硬度表显示了一些常见矿物的硬度。每种矿物对应一个1～10中的数字。10表示最硬。矿物越硬，越难被划出划痕。正如莫氏硬度表显示的那样，金刚石是最坚硬的矿物。

莫氏硬度表

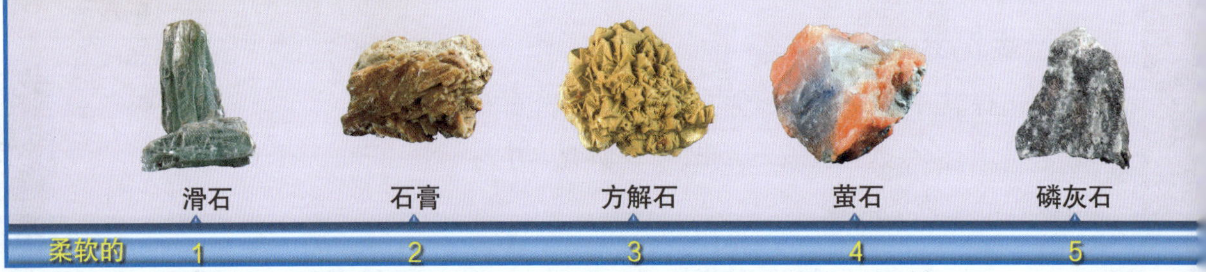

矿物的性质

矿物	云母	黄铁矿	长石	赤铁矿
颜色	白色、绿色、银色或者棕色	金色或者铜黄色	白色、粉色、灰色或者烟熏黑	灰色或者棕色
光泽	珍珠光泽	金属光泽	玻璃光泽	金属光泽或暗淡的
条痕	白色	墨绿色	白色	红棕色
硬度	2～2.5	6～6.5	6～6.5	5～6

光泽

光泽是指光从矿物表面反射回来的形式。有些矿物有金属般闪亮的光泽，有些矿物则暗淡无光。正如表格所示，有些矿物还有玻璃光泽或珍珠光泽。

条痕

条痕是矿物在白色瓷板上摩擦时所留下的粉末痕迹。条痕是矿物粉末的颜色，可能与矿物表面的颜色并不相同。

快速检测

排序 你会遵循什么步骤来鉴别矿物？

批判性思维 为什么科学家要通过几种不同的性质来鉴别一种矿物？

读 图

长石与方解石相比，哪一种矿物更硬？

线索 比较这两种矿物在莫氏硬度表上对应的值。

什么是火成岩和沉积岩?

你有没有想过岩石是怎么形成的? 岩石中的矿物能为我们提供许多线索。

火成岩

在地表以下，岩石熔化成岩浆。岩浆冷却和硬化时，火成岩便形成了。火成岩（igneous rock）是由喷出地表的熔岩，或地壳下的岩浆形成的。

岩石慢慢冷却时，可以形成大的矿物颗粒，所以慢慢冷却的岩石看起来更粗糙。**结构**是描述岩石外观性质的一种方式，它与矿物颗粒的大小有关。如果岩石冷却得很快，那么就没有时间形成大的颗粒。

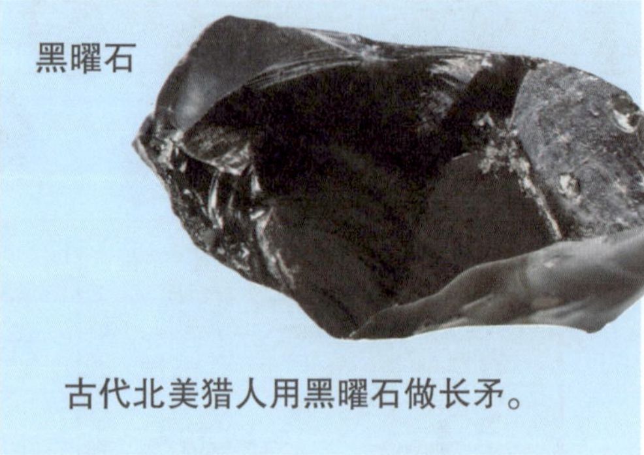

古代北美猎人用黑曜石做长矛。

火成岩实例

黑曜石和玄武岩冷却得较快。黑曜石光滑且具有玻璃光泽。因为它冷却得非常快，大的矿物颗粒都来不及形成。玄武岩中含有一些小的矿物颗粒，因为它冷却得比黑曜石慢一些。花岗岩则不同，它是在地下慢慢冷却形成的，有足够长的时间形成大的矿物颗粒。

在爱尔兰，巨人堤道的台阶是玄武岩构成的。

沉积岩

看看下面砂岩的图片，你看到它的分层结构了吗？这些层次是由不同的**沉积物**组成的，一些沉积物来自岩石或者矿物，还有一些沉积物则可能是一些植物、贝壳或其他坚硬的物质。

沉积岩（sedimentary rock）是沉积物黏合、压实后形成的。在风和水的共同作用下，大部分的沉积物都会沉淀下来。随着时间的推移，新的沉积物沉积在原来沉积层的顶部。有的时候，溶解的矿物会将沉积物黏合在一起；有的时候，顶层的重量会将沉积物压实。沉积物变成沉积岩需要数百万年的时间。

相对年龄

沉积岩的分层是按相对年龄排列的。相对年龄（relative age）是某一物体相对另一物体而言的年龄大小。岩层的相对年龄越大，其所在位置就越低。相对年龄可以用于判定沉积岩中化石的年龄。**化石**是古生物曾存在过的证据。

快速检测

排序 沉积岩是如何形成的？

批判性思维 你能观察到沉积岩的形成过程吗？为什么？

迷你实验

观察火成岩

1. 找一块浮石和一块花岗岩。这两块火成岩在大小和重量上有什么不同？
2. **预测** 这两块岩石在水中会下沉还是上浮？做出预测。
3. 将这两块岩石放进水中，会发生什么现象？
4. **推理** 什么性质可能会影响岩石在水中下沉或上浮？

砂岩

砂岩含有石英和长石两种矿物，它常被用作建筑石材。

真相 一块岩石通常由不止一种矿物构成。

什么是变质岩？

地表以下的温度很高，那里的压力也很大。在如此高的温度和压力作用下，岩石的化学性质会发生变化。

由其他岩石在极高的温度和压力作用下转化而成的岩石称为**变质岩**（metamorphic rock）。变质岩可以由火成岩、沉积岩甚至其他变质岩形成。下图展示了一些变质岩和形成之前的原始岩石。

变质岩的形成过程

变质岩的性质取决于形成过程中承受的温度和压力的情况。在一些岩石中，矿物被重新排列并挤压成薄层，这些层状结构叫作**条带**。条带可以是笔直的，也可以是波浪状的。

你可以在一种叫片麻岩的变质岩中看到条带。片麻岩最初是一种叫花岗岩的火成岩，它在高温、高压条件下，会形成彩色条带。

还有一些变质岩由沉积岩演变而来。例如，大理石就是由石灰岩演变而来的。不同于片麻岩，大理石没有条带。石英岩是另一种没有条带的变质岩，它是由砂岩演变而来的。

岩石循环

我们已经学习了火成岩、沉积岩和变质岩是如何形成的。那么，如果现在告诉你，不同的岩石之间都可以相互转换，你会很吃惊吗？

岩石循环（rock cycle）展示了岩石如何从一种类型变成另一种类型。它展示了不同种类的岩石之间的关系。下一页你将看到，岩石循环有许多途径，它同样需要数百万年才能完成！

岩石循环

读　图

箭头表示的是什么？

线索　读懂每个箭头上的标注。

岩石循环过程

组成岩石的物质一直在通过岩石循环转换。风化和侵蚀把岩石分解成沉积物并把它们带走。沉积物在其他地方沉积，慢慢地被挤压在一起，形成沉积岩。

任何岩石都可以经过熔化和冷却形成火成岩。在极高的温度和压力下，一些岩石变成变质岩。随着时间的推移，风化和侵蚀将这些变质岩分解，岩石循环继续进行。

快速检测

排序　描述岩石循环中的一种路径。

批判性思维　比较岩石循环中发生较慢的事件和发生较快的事件。

石英可以用来制造玻璃。

▼ 这只看门石狮是由大理石制成的。

岩石有什么用途?

岩石和矿物是**资源(resource)**,是人类可以从地球上获得的有利用价值的物质。在日常生活中,到处都可以看到利用岩石的例子。

火成岩的用途

花岗岩坚固、耐用,是建造学校和其他建筑物的理想材料。一些肥皂和清洁剂中含有浮石粉末,它粗糙的结构有助于清除污垢。

沉积岩的用途

石灰岩可以用来制造玻璃。页岩能用来制造砖块、瓷器和陶器。页岩与石灰岩结合时可以用来制造水泥。科学家还会通过研究沉积岩中的各个沉积层来分析地球的历史。

变质岩的用途

板岩防水,是做屋顶、台球桌和人行道地砖的理想材料。大理石因其美丽的外观和坚固的性质而受到人们的喜爱。我们用它来做地砖、壁炉、纪念碑和雕像。它很容易雕刻,而且耐火,是一种理想的建筑材料。

快速检测

排序 从一块野外的岩石,到建筑物中的一部分,它经历了哪些过程?

批判性思维 我们如何利用岩石?

课后回顾

摘要

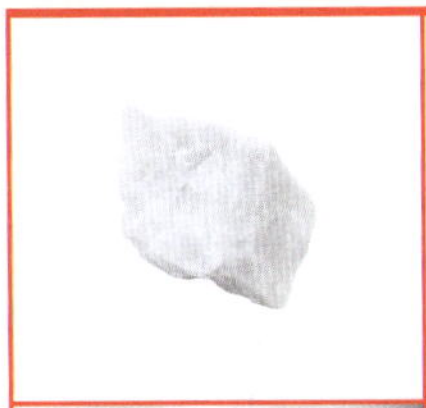	矿物是岩石的组成部分。科学家通过几种不同的性质来鉴别矿物。
	岩石可以细分为三大类：火成岩、沉积岩和变质岩。
	岩石在岩石循环过程中缓慢变化。许多岩石是有用的资源。

制作 **折叠式学习卡**

如图所示，制作一个折叠式学习卡，并用它来整理你本课所学的相关知识。

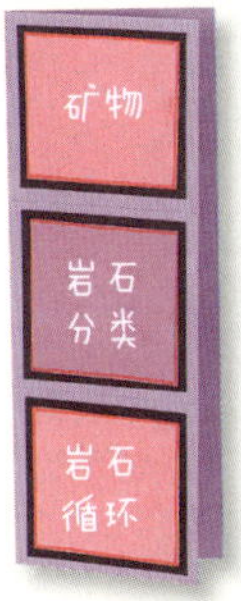

想一想，说一说，写一写

1 **词汇** 岩石在高温、高压作用下会变成一种新的岩石，这种新岩石叫作________。

2 **排序** 岩石循环中发生了什么？

首先 → 其次 → 最后

3 **批判性思维** 变质岩和沉积岩，哪种岩石中找到化石的可能性比较大？解释原因。

4 **测试** 莫氏硬度表表示的是矿物的哪一种性质？

A 光泽　　B 结构

C 颜色　　D 硬度

5 **基本问题** 岩石的种类为什么会如此众多？

数学链接

应用题

乔有 33 块岩石样本，其中$\frac{1}{3}$是火成岩，$\frac{1}{3}$是沉积岩，$\frac{1}{3}$是变质岩，请问每一种岩石各有多少块？

社会链接

了解你所在地区的岩石

你家附近的陆地是由什么类型的岩石所构成的？查找资料，寻找答案，然后写一份报告。

聚焦技能

探究技能：交流

变质岩中含有许多矿物颗粒。通过观察这些矿物，科学家可以知道是哪些因素导致一种岩石变成另一种岩石。他们通过建立模型，来展示矿物的大小和形状是如何发生变化的，然后通过**交流（communicate）**分享他们的研究成果。

▶ 学习

交流时，你要与他人分享信息。在科学领域中，尽可能清楚地表达你的实验结果是很重要的。这样，别人就能明白你做了什么，发现了什么。用多种方式交流是个好主意，你可以用示意图、图表或表格来展示实验结果，也可以将实验结果写成报告。

▶ 尝试

模拟压力对变质岩的影响，然后**交流**你的实验结果。

材料 黏土、垫板或托盘、尺子、木块。

1. 在垫板或托盘上把黏土揉成三个大小相等的球。把黏土球稍微压扁，然后把球叠在一起。这些球模拟的是岩石中的矿物“颗粒”。
2. 制作一张类似下页的数据图表。
3. 观察模型中的“颗粒”形状，在数据图表中画出它们的形状。
4. 测量“颗粒”的高度，以厘米为单位，将测量结果记录在表中。再测量“颗粒”的宽度，操作同上。

5 把木块平放在叠好的球上，缓慢而用力地向下压木块。以此来模拟压力对下层矿物颗粒的影响。

6 重复步骤 3 和 4，在下面的图表中“挤压之后”一行记录下实验结果。

	“颗粒”图示	“颗粒”高度	“颗粒”宽度
挤压之前			
挤压之后			

▶ 应用

根据数据图表，撰写报告，**交流**结果。

1 用一句话总结“颗粒”模型是如何变化的。

2 “颗粒”模型的高度和宽度是如何变化的？你所测量的尺寸是增加了还是减少了？解释模型的测量结果是如何变化的。

3 写一段短文，解释模型是如何模拟地下岩石真正的演变过程的。与大家交流你的结论。

4 如果你将“颗粒”模型左右挤压，会发生什么变化？做出预测，完善你的报告。

第2课

土　壤

看一看，想一想

农民依赖土壤种植健康的作物。这意味着你也依赖土壤生存！土壤到底是什么？它是如何形成的？

探究活动

土壤由什么组成?

活动目的

比较不同土壤的成分和性质。

活动步骤

1. 把报纸铺在桌子上，然后在报纸上铺上三张纸巾，在纸巾上各放置一种土壤样本。
2. **观察** 用铅笔将每个样本中的颗粒分开，用放大镜近距离观察颗粒，将你观察到的结果记录下来。
3. 在每个样本上滴 10 滴水。几分钟后，把纸巾抬起来，观察报纸上的水渍。

得出结论

4. **解释数据** 哪个样本蓄水最多？请解释一下。
5. 这些土壤样本有什么异同之处？
6. 你认为每种土壤都是由哪些物质构成的？
7. **推理** 为什么蓄水能力是土壤的一个重要性质？

进一步探究

每个土壤样本中究竟吸收了多少水？做出假设，设计一个实验来验证你的假设。进行实验，并报告你的结果。

材 料

- 报纸
- 纸巾
- 3 种土壤样本
- 铅笔
- 放大镜
- 滴管
- 水

步骤 3

读一读，学一学

基本问题
每个地方的土壤为什么都不一样？

词汇
腐殖质
土层
土壤剖面
表土层
底土层
孔隙
多孔
渗透性

阅读技能
得出结论

线索	结论

土壤是由什么组成的？

如果用放大镜观察土壤，你会发现土壤中含有很多不同的物质。土壤中有细小的岩石碎屑和矿物，还有腐殖质。**腐殖质（humus）**是已经死亡的植物或动物形成的非生物。土壤里还有什么？还有些很难观察的物质，比如水、空气和微生物。

土壤的形成过程

土壤的形成需要数百，甚至数千年的时间。经过风化作用，岩石变成了沉积物。随着岩石的不断风化，沉积物越积越深。植物扎根于沉积物中，植物的根导致更多的岩石被风化。动物可以搬运并混合沉积物。

植物和动物死亡时，细菌和真菌会分解它们的残骸，这产生了腐殖质。腐殖质为新植物的生长提供了营养。就这样，生物年复一年地更新土壤。

生物引起的风化

读图

动物对土壤有何作用？

线索　仔细观察兔子在哪里。

土层

土壤会形成一层层的**土层（horizon）**。每一层土层有着不同比例的沉积物、岩石和腐殖质。**土壤剖面（soil profile）**展示了这些不同的土层。有些地方的土壤剖面可能看起来就像本页展示的那样。

表面的土壤层称为A层，它富含腐殖质和矿物质。A层的另一个名字是**表土层（topsoil）**，表土层是许多生物的家园。

下一层是B层，也称**底土层（subsoil）**或心土层。它通常比表土层更轻、更硬。它有一些从表土层慢慢渗透下来的黏土和矿物质。植物发达的根系有可能向下生长到底土层。

大多数土壤剖面的底部是基岩。C层在基岩之上，底土层之下。它是由风化的基岩组成的。

构成土壤的岩石和腐殖质在每个地方都不相同，这也是为什么各个地方的土壤剖面各不相同。

快速检测

得出结论 土壤的形成过程中，基岩是如何变化的？

批判性思维 寒冷的冬天在土壤形成过程中有何作用？

土壤剖面

▲ 砂土质地粗糙。

▲ 壤土质地中等。

▲ 黏土质地细腻。

土壤有什么性质?

土壤的种类有几十种，每一种都有自己的特殊性质。土壤的性质一方面指颜色，另一方面指质地。质地是指土壤颗粒的大小。

孔隙

土壤颗粒之间的空间称为**孔隙 (pore space)**。土壤中的孔隙像过滤器一样，水流过时，它们能从水中去除某些物质。具有孔隙的材料称为**多孔 (porous)**材料。这种材料可以保存空气和水分。

渗透性

孔隙的大小和数量影响土壤的渗透性。**渗透性 (permeability)**反映了水通过多孔材料的速度。砂土渗透性强，它的颗粒大小和形状让水在孔隙之间可以自由移动。

土壤的渗透性

读　图

细颗粒土壤和粗颗粒土壤的渗透性有哪些不同?

线索　观察圆圈中显示的孔隙。

影响土壤性质的因素

土壤的性质和厚度取决于气候、生态系统和基岩的情况，土地的坡度和时间也会影响土壤的性质。

陡坡上的土壤往往很薄，因为它们被侵蚀得很快。薄的土壤对种植作物来说是很不理想的。平坦的土地有利于形成较厚的土壤层。任何土壤在不受外界干扰的情况下，都会随着时间的推移而变厚。

流水、风和冰会侵蚀土壤，并将其从一个地方搬运到另一个地方。这样形成的**运积土**覆盖了美国中部的大部分地区。运积土中的矿物组成可能与底下基岩的矿物组成有很大不同。

迷你实验

流动速度

1. 制作两个如图所示的容器，分别装上不同类型的土壤。
2. 将容器放在量杯上，慢慢地向土壤中倒入一杯水，同时开始计时。
3. 等水不再流入量杯时，停止计时，并记录下所花的时间。
4. **运用数字**　计算土壤中有多少水。对第二个土壤样本重复步骤2和步骤3的操作。
5. **解释数据**　哪种类型的土壤渗透性更强？为什么？

快速检测

得出结论　孔隙的大小对土壤的渗透性有何影响？

批判性思维　一位农民想要在平地上种植庄稼。他所选平地的土壤富含腐殖质。这是个明智的选择吗？为什么？

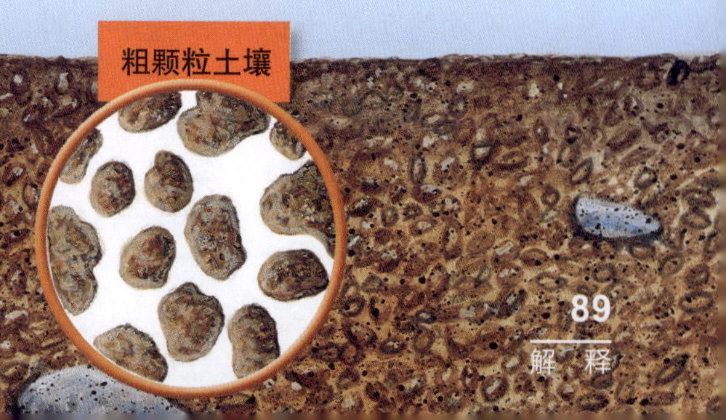

为什么土壤类型很重要?

土壤渗透性对陆地上的植物来说很重要，这意味着土壤类型对植物生长有重要影响。

表土层是各种生物的家园。所有的生物生存都需要一定量的水，它们也需要空气。只有在土壤有孔隙的情况下，植物和动物才能生存。

土壤渗透性对农民来说十分重要。砂土的孔隙非常多，水在其间流动得很快，同时水携带矿物质，这些矿物质会被植物根部吸收，供植物生长所需。如果土壤里的水太少，庄稼就会枯萎。

细颗粒的土壤虽然多孔，但是渗透性差。水在土中流动得很慢，可能会在孔隙中停留很长时间。这对植物也有害，植物会被过多的水淹死。

快速检测

得出结论 土壤的渗透性对植物有何影响?

批判性思维 为什么农民会在不同类型的土壤中种植不同种类的作物?

真相 **沙漠里也有生命。**

植物对土壤的适应性

沙漠植物适合在砂土中生长。

中等质地的土壤适合多种作物。

有些葡萄在黏土中生长得很好。

课后回顾

摘要

土壤由腐殖质、风化的岩石和矿物组成。土层展示了土壤的不同层次。

土壤性质包括颜色、质地和孔隙度。渗透性是土壤的一种重要性质。

土壤的渗透性会影响生活在土壤中的生物体。不同的植物适合生长在特定的土壤中。

制作 **折叠式学习卡**

如图所示，制作一个折叠式学习卡，并用它来总结你本课所学的相关知识。

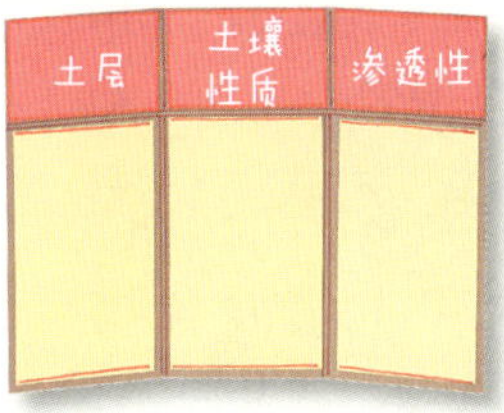

想一想，说一说，写一写

1 **词汇** 土壤的分层称为________。

2 **得出结论** 通过观察土壤的质地，你能得出关于土壤渗透性的什么结论？

线索	结论

3 **批判性思维** 为什么沙漠植物在黏土里长不好？

4 **测试** 土壤中的孔隙能保存什么？

A 只有空气　　B 只有水

C 空气和水　　D 腐殖质

5 **测试** 哪种土壤最薄？

A 陡坡上的土壤

B 平地上的土壤

C 运积土

D 黏土

6 **基本问题** 每个地方的土壤为什么都不一样？

写作链接

写一份报告

你所在地区常见的是什么类型的土壤？它适合哪些作物？研究这个问题并撰写一份报告。

数学链接

解方程式

一名学生在土壤样本中加入35毫升的水，其中有28毫升从土壤中流了出来。请问土壤里还存有多少水？列方程式解答。

科学探究

材料

滤纸、漏斗

量杯、茶勺

500 毫升烧杯
1000 毫升烧杯

冲饮剂（果汁冲剂）

水

盆栽土、
沙土、黏土

结构化探究

下雨时，不同类型的土壤如何留住矿物质？

做出假设

土壤类型会影响土壤的养分含量吗？比较盆栽土、沙土和黏土这三种类型的土壤养分含量。把你的答案以“一场大雨中，养分流失最多的土壤类型是……”的形式写下来。

验证假设

1. 在一个漏斗中放置一张滤纸，再把漏斗放在 1000 毫升烧杯上。
2. **建立模型** 将一杯盆栽土和一茶勺冲饮剂混合，这种冲饮剂代表植物生长所需的营养物质。将这些土壤混合物倒入漏斗中。
3. **测量** 在烧杯中倒入 250 毫升水，慢慢地把水倒在土壤混合物上。将漏斗中的水滴进烧杯的时间记录在数据表格中。当它停止滴水时，记录烧杯中水的颜色和体积。
4. **使用变量** 用沙土重复步骤 1 至步骤 3。再用黏土重复一次。记录下你所观察到的结果。

	盆栽土	沙土	黏土
水的颜色			
水的体积			

得出结论

5 你在实验中观察到了哪些不同的现象？

6 哪种类型的土壤流失的养分最多？哪种土壤保留的养分最多？

7 **推理** 为什么有些植物在沙土中难以生长？

指导性探究

土壤渗透性对植物生长有何影响？

做出假设

土壤的渗透性是如何影响生长在其中的各种植物的？做出假设。

验证假设

设计一项实验，找到几种不同渗透性土壤中，最适合豆角生长的土壤。你会测试哪个变量？你会控制哪个变量？写下实验需要的材料和实验步骤。然后进行实验，并在数据表中记录下观察到的结果，尝试解释你的实验结果。

得出结论

实验结果是否支持你的假设？哪种类型的土壤最适合豆角生长？哪种最不适合？

开放性探究

你还想了解有关土壤类型的哪些知识？设计一项探究活动来回答你的问题。写下你的探究步骤，这样另一组同学就可以按照你的步骤说明来重复实验了。

谨记 遵循科学过程的步骤。

提出问题
↓
做出假设
↓
验证假设
↓
得出结论

第3课

来自过去的资源

看一看，想一想

你能认出这种生物吗？它生活在哪里？生活在什么时候？科学家通过这类证据来了解古代的生物。还有什么证据能提供关于地球过去的线索呢？

探究活动

从脚印中能知道什么?

活动目的

观察脚印，做出推论。

活动步骤

1 **建立模型** 把黏土压平，再把小物件压进黏土里，做出"脚印"的模型。可以模仿体重不同的动物或模仿动物走路和奔跑时的样子。

2 **交流** 写一个关于两个或更多不同动物的简短故事，告诉大家它们是如何互动的。

3 再把黏土压平，根据你写的故事情节，用这些小物件制作脚印模型。

4 **推理** 与另外一组交换黏土模型，试着去推断另一组模拟的故事。

材料

- 黏土
- 常见的小物件，例如铅笔、贝壳、橡皮擦、硬币、纸夹

得出结论

5 根据黏土上的形状，推断出它们是用什么印出来的。

6 **解释数据** 怎样区分脚印是动物走路时留下的还是奔跑时留下的?

7 你认为科学家能从很久以前留下的脚印中推断出什么信息?

进一步探究

你怎么知道脚印是由两条腿走路的动物留下的，还是由四条腿走路的动物留下的呢? 做一些调查和观察，并与全班同学分享你的调查结果。

读一读，学一学

基本问题

什么是化石和化石燃料？

词汇

化石

琥珀

印模

铸型

印痕

化石燃料

不可再生资源

可再生资源

阅读技能

事实与观点

事实	观点

什么是化石？

科学家利用化石中的线索来了解过去。化石（fossil）是很久以前的生物存活过的证据。例如，科学家通过观察化石中的恐龙脚印，来了解恐龙是如何走路的。

化石的形成过程

大多数化石是在沉积岩中被发现的。沉积物中埋藏了曾经在地球上生活过的植物或动物的遗骸或遗迹。当这些沉积物变成沉积岩时，埋藏的遗骸或遗迹就会变成化石。

植物或动物死亡的时候，身体柔软的部分会很快腐烂或被吃掉，而骨骼、牙齿和壳等坚硬的部分则可以保留很长时间。这些坚硬的部分很可能变成化石。

有时，整个生物体都会被保存下来。人们在冻原的冰中找到了一种名叫猛犸象的大型动物。昆虫和蜘蛛会被困在黏稠的树脂中，树脂会硬化成琥珀（amber）——一种坚硬光滑的物质。

这只小动物的身体保存在琥珀中。

琥珀里的蚂蚁看起来和现在的蚂蚁差不多。

化石的种类

足印

三叶虫铸型

木化石

印模和铸型

贝壳通常会形成一种称为印模的化石。**印模（mold）**是具有一定形状的空心图形。印模是怎样形成的？水可以渗入岩石中埋藏生物的地方。慢慢地，水溶蚀了动物的贝壳。在贝壳所在的地方留下了一个中空的空间，也就是印模。

如果矿物质在印模里堆积，就可能形成另一种化石。**铸型（cast）**是在印模中形成的化石。你用杯子做过果冻吗？做果冻时，杯子是一种印模，做好的果冻就是铸型。

印痕

有时，浅浅的印痕是我们仅有的化石证据。痕迹、身体轮廓和叶印被称为印痕化石。**印痕（imprint）**是物体留下的痕迹。

石质化石

木头和骨头会被***石化***而变成化石。当矿物质慢慢渗入枯树或动物体内时，这些矿物质就会取代它们内部原有的物质，这时生物体就变成了岩石质地的化石。

快速检测

事实与观点 我们如何了解恐龙？

批判性思维 怎样才能制作出一个铸型和它的印模？

我们如何研究化石？

科学家利用功能强大的计算机和显微镜来了解古生物。新化石被发现时，科学家会将其与类似的现代生物体进行比较。在这样做的时候，科学家必须要考虑生物是随着时间变化的。

有时化石的位置比化石本身更令人费解。例如，在冰天雪地的南极洲发现了蕨类的化石。而现在的南极洲却是一个极地生物群落。那里非常冷，蕨类植物根本无法生长！

地质时期

不是只有生物体会随时间变化，地球的地层等也在变化。我们已经学过某些导致地表剧烈变化的原因，如飓风和滑坡。但是，地球上的大部分变化都是非常缓慢的。

科学家估计，地球有数十亿年的历史，我们将如此长的时间跨度称为**地质时期**。科学家研究化石的同时，也在研究地质时期。

研究岩层

地球上的地表和生物在地质时期是如何变化的？为了找到答案，科学家研究了岩层。他们寻找化石，然后将这些化石与同一块岩石中的其他化石进行比较。

较古老的化石出现在底部更古老的岩层中。年轻一些的化石在较上层的岩层中，这些岩层是后来形成的。

科学家必须认真工作，清理、准备化石，以便研究。

寻找证据

岩层和化石是地球随时间变化的证据。很久很久以前，地球上的气候有时比现在暖和，有时比现在寒冷。如果你在陆地上发现了一块鱼化石，你就能推断出这片陆地曾被水覆盖。

▲ 菊石生活在水里，但在很多陆地上发现了这类菊石化石。

▼ 在一个现在冷得蕨类植物无法生长的地方发现了这块蕨类化石。

迷你实验

老和新

1. 把一张纸切成四份，然后各画一块化石。
2. **制作模型** 请其他同学将画了化石的纸分别夹在四本书内。把书叠起来，用来模拟地球的岩层。
3. 找到化石。将它们按从老到新的顺序排列好。
4. **交流** 你如何确定哪块化石最古老，哪块最年轻？解释原因。

快速检测

事实与观点 科学家确信恐龙和哺乳动物曾经生活在一起。他们是怎么知道的？

批判性思维 为什么很久很久以前，蕨类植物能在南极生存？

煤炭的形成过程

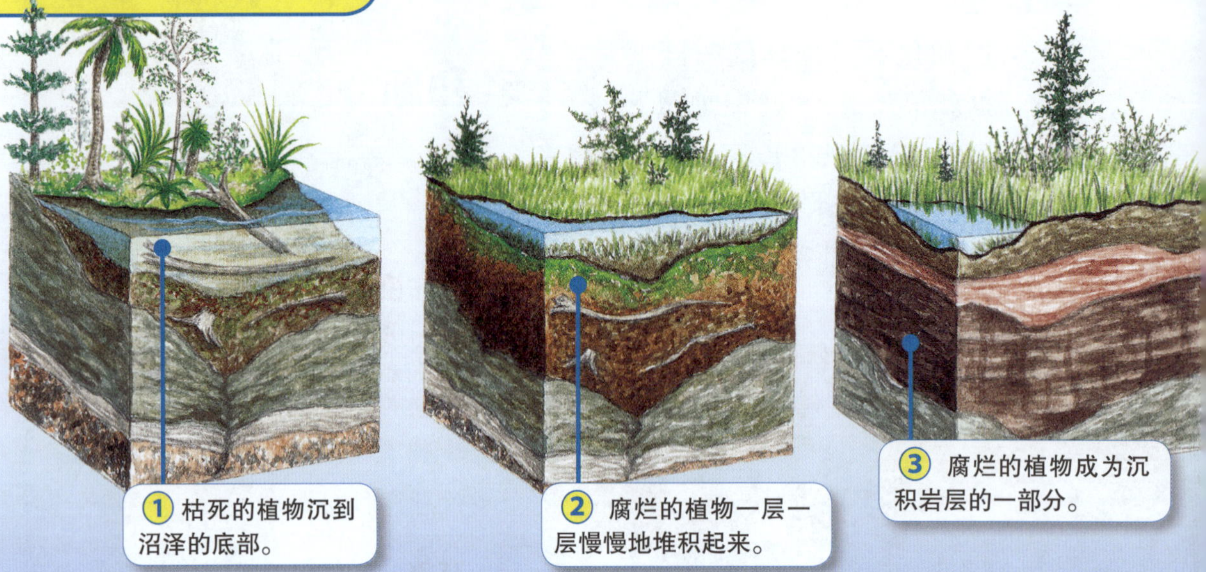

什么是化石燃料?

人们是从哪里获得能量来发电和发动汽车的?大部分能量来自化石燃料,如煤、石油和天然气。**化石燃料(fossil fuel)**是一种形成于数百万年前的能源,它是由动植物的遗骸形成的。

化石燃料是不可再生资源。**不可再生资源(nonrenewable resource)**是一种不容易再生的资源。这些资源一旦用完,就很难再获取了。为了释放储存在化石燃料中的能量,我们必须燃烧它们。但在燃烧化石燃料时,我们也破坏了这种资源。

发现化石燃料

寻找化石燃料可能很困难,它涉及地表深处的钻探和开采。要开采化石燃料需要使用大量设备,同时运输化石燃料也是复杂而昂贵的过程。

使用化石燃料

一升天然气需要数百万年才能形成,却会在几秒钟内燃烧完!燃烧化石燃料会造成空气污染,呼吸污染的空气则会使人生病。被污染的空气还可能引起酸雨,酸雨也会伤害其他生物。那我们还有其他选择吗?当然,我们有。

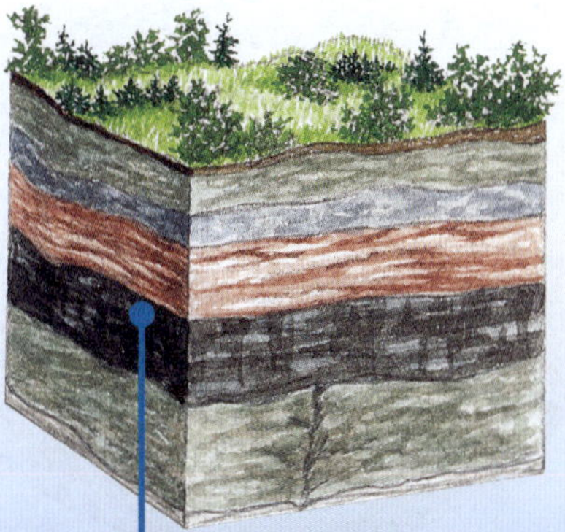

④ 岩层被压成软煤。

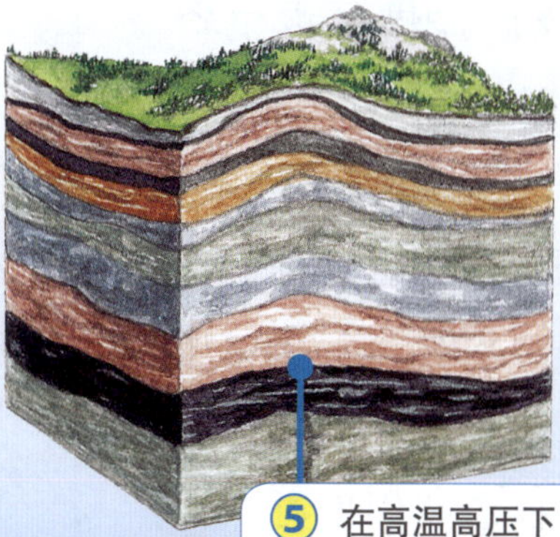

⑤ 在高温高压下，软煤变成硬煤。现在它已经是一种化石燃料了。

读 图

死去的植物是如何变成化石燃料的？

线索 按照图解的步骤描述。

替代能源

没有人知道我们的化石燃料供应还能维持多久，这就是科学家总是在寻找其他产生能量的方法和能源的原因，这些能源被称为替代能源。你知道有哪些替代能源吗？

快速检测

事实与观点 *化石燃料能储存能量。*这个陈述是事实还是观点？解释原因。

批判性思维 你和你的家人在哪些方面依赖化石燃料？

这台机器是一个油泵，它能开采地下的石油。

除了化石燃料，我们还能使用什么？

地球和太阳为我们提供可再生资源。**可再生资源（renewable resource）**是一种可以在自然界中迅速再生的资源。

太阳每天为我们提供能量。一种叫作太阳能电池的工具可以将太阳能转化为电能。

风车可以收集风能。我们也可以从流动的水中获得能量。海洋潮汐也可以带来有用的能量。在一些地方，人们还从地球内部的热量中获取能量。

右侧的饼图显示了美国从哪些方面获得电能。你可以看到8%的电能来自可再生资源，其余的则都来自不可再生资源。

美国电力的来源

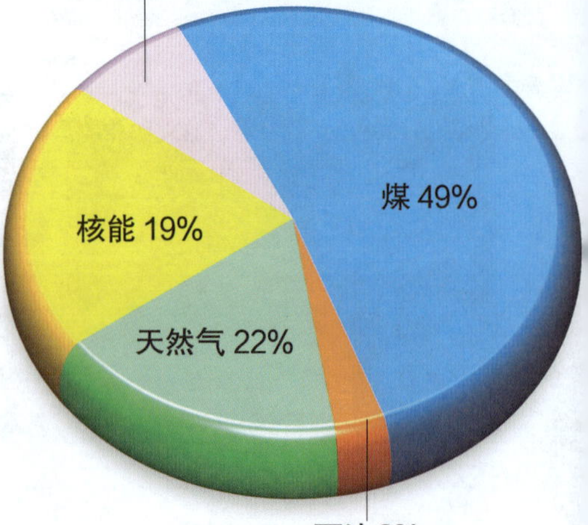

资料来源：美国国家能源信息中心

读 图

哪一种能源为美国提供的电力最多？哪种提供的电力最少？

线索　比较饼图中每部分的大小。

快速检测

事实与观点　*我们不应该使用煤。*这种说法是事实还是观点？解释原因。

批判性思维　科学家应该尝试开发利用可再生能源的新方法吗？为什么？

风力发电场从风中收集能量并将其转化为电能。

课后回顾

摘要

化石提供了关于地球历史的线索。化石有很多不同种类。

煤、石油和天然气等化石燃料是不可再生资源。它们无法快速再生。

可再生资源包括风、水和阳光。它们能快速再生。

制作 **折叠式学习卡**

如图所示，制作一个折叠式学习卡，并用它来总结你本课所学的相关知识。

想一想，说一说，写一写

1. **词汇** 风能可以快速再生，所以风能是________。
2. **事实和观点** 列出化石燃料的用法。写下你对每种用法的观点。

事实	观点

3. **批判性思维** 博物馆里展示的化石与地下的化石相比，有哪些区别？
4. **测试** 下列哪种资源是可再生的？
   A 煤　　B 钻石
   C 银　　D 风能
5. **基本问题** 什么是化石和化石燃料？

写作链接

写一个小故事

以化石为主角编一个小故事。描述形成化石的这种生物，并说说那些发现或研究化石的人。

社会链接

写一份报告

你所在地的汽油价格是多少？问问成年人他们对能源费用有什么看法。这些费用对他们的生活有何影响？把你的调研结果写成一份报告。

科学探究

材料

霸王龙牙齿化石模型

埃德蒙顿龙牙齿化石模型

鲨鱼牙齿模型

马齿模型

彩色铅笔

结构化探究

科学家如何了解恐龙？

做出假设

科学家利用化石来推测恐龙的情况。例如，科学家通过观察牙齿化石来推测恐龙会吃什么。你能从牙齿中知道什么？把你的答案以“如果恐龙的牙齿是平的，那么它主要吃……”的形式写出来。

验证假设

1. 绘制一个数据表，记录长度、宽度和模型图示的数据。
2. **观察** 仔细观察每个牙齿模型。在表格的相应位置画出它们的形状。
3. **测量** 测量每颗牙齿的长度和宽度。在表格中记录每个测量值。

	霸王龙	埃德蒙顿龙	鲨鱼	马
图示				
长度（cm）				
宽度（cm）				

得出结论

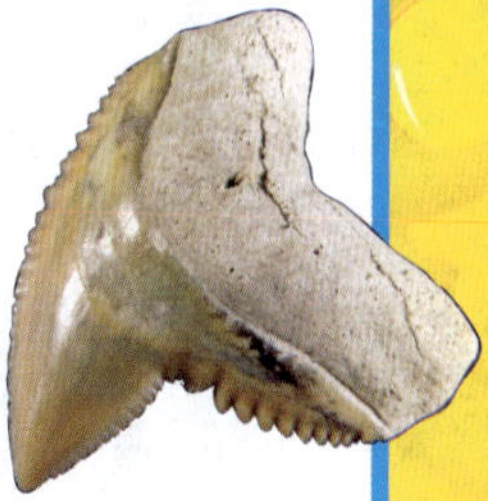

4. **解释数据** 比对和对比你观察的牙齿。哪种恐龙的牙齿更像马的牙齿？哪种恐龙的牙齿更像鲨鱼的牙齿？请解释你的答案。
5. 现代马的食物包括草和小麦，而现代的鲨鱼吃鱼和其他动物。根据你的调查结果，你认为埃德蒙顿龙吃什么？为什么？
6. **推理** 霸王龙吃什么？你是怎么知道的？
7. 你的假设正确吗？为什么？

指导性探究

你还能从牙齿化石中知道什么？

做出假设

科学家还能从动物牙齿中推断出什么信息？把你的答案写成一个假设。

验证假设

设计一项探究活动，探究牙齿的大小是否能告诉你动物的体型大小。写出你所需要的材料和实验步骤，记录你的观察结果。

得出结论

实验结果支持你的假设吗？为什么？如果你的假设不成立，那就再提出一个新的假设。

开放性探究

关于恐龙化石，你还想了解什么？设计一个探究方案来回答你的问题。

谨记 遵循科学过程的步骤。

提出问题
↓
做出假设
↓
验证假设
↓
得出结论

第4课

水

看一看，想一想

水以雨的形式从天而降。它流过高山和丘陵，然后汇集在小溪和河流中。水总是在流动吗？水还会在哪里汇集？

探究活动

土壤中的水和砾石中的水，哪个流得更快?

做出假设

水会更快地流过一杯土壤还是一杯砾石？回想一下你对土壤和岩石的了解，然后做出假设。

验证假设

1. 用铅笔尖在一个纸杯底部钻一个小洞，然后在杯的内侧靠近杯沿的地方做一个记号。
2. **测量** 用你的手指挡住小洞，然后用珍珠岩或土壤把杯子填至刚才做记号的地方。把杯子放在塑料容器上，再让其他同学往纸杯里倒入100毫升水。
3. 移开你的手指。计算水排完需要的时间，并记录在数据表中。
4. 使用砾石重复步骤1、2和3。

得出结论

5. **解释数据** 哪种材料渗水速度更快?
6. 雨水落在土壤上会发生什么？落在砾石上呢?
7. **推理** 哪种材料更适合植物生长，土壤还是砾石？为什么?

进一步探究

哪种材料蓄水更多，土壤还是砾石？为你的假设设计一个实验，用数据支持你的结论。

材料

- 铅笔
- 两个纸杯
- 珍珠岩或土壤
- 塑料容器
- 200毫升水
- 量杯
- 秒表
- 砾石

步骤 1

读一读，学一学

基本问题
人们如何获得和使用水？

词汇
- 土壤水
- 地下水
- 流域
- 水库
- 井
- 径流
- 灌溉

阅读技能
问题和解决方案

问题 → 解决步骤 → 解决方案

地球上的水在哪里？

你有没有想过为什么有些地方的水比其他地方的多？看一看地球仪，你会发现我们生活在一个水的世界里。

咸水

海洋几乎覆盖了地球表面四分之三的面积。海洋里的水可真多啊！这些水我们能喝吗？我们能用它来种植植物吗？**海水**中含有大量的盐，这些水不仅不能饮用，也不能直接用来浇灌植物。

淡水

淡水是几乎不含盐的水。大多数小溪、河流、湖泊、水井和池塘蓄积的都是淡水。尽管如此，地球上大部分的淡水并不是以液态形式存在的，而是以固态形式存在的！

冰川和冰盖中保存了地球上大部分的淡水。**冰盖**是覆盖在陆地上的厚厚的冰层。格陵兰岛和南极大陆都覆盖着巨大的冰盖。

地球上大部分的淡水是固态的冰。

从河到海

读 图

一艘船怎么从河边的城市到达海洋？

线索 在图上画出一条船行驶的路径。

地下水

当水渗入土壤时，就变成了**土壤水（soil water）**。部分土壤水被植物利用，其余的水在地表以下流到更远的地方。水向下渗透，直到到达一个没有裂缝或孔隙的地方，然后在那里汇聚。**地下水（groundwater）**是指储藏在地下岩石空隙中的水。

流域

在一片陆地上，水往低处流，最后汇入同一条小溪、河流或同一个湖泊。这些水流经的地区称为**流域（watershed）**。生活在这些地区的人们共饮一江水。法律和政府机构能帮助我们保护流域。

快速检测

问题和解决方案 你会去哪里找水？

批判性思维 我们如何利用咸水？

很多湿地位于咸淡水交汇处。

自来水从哪里来？

城镇的用水大多来自水库。**水库（reservoir）**是储存和调节水流的水利工程，有些是天然湖泊或池塘，有些则是人工建造的。管道将水库里的水运往千家万户。

地下水是另一种淡水的来源。水井是获取地下水最常见的方式。**井（well）**是在地下钻或挖的深孔。打井以后，可以用水泵把水抽到地面。

自然界中的淡水很少是纯净的，它可能含有细菌或其他有害化学物质。这些物质通常是通过径流被带到水源地的。**径流（runoff）**是沿地表或地下流动的水流。

米德湖是美国亚利桑那州和内华达州共享的水库。

水处理厂

水在能够安全使用之前是不能直接供应给人们的。**水处理厂**是净化水的地方。

首先，水会通过一个过滤器，过滤器会滤掉水中的垃圾和其他大的杂质。接下来，会添加化学物质来杀死水中的有害生物。

水处理

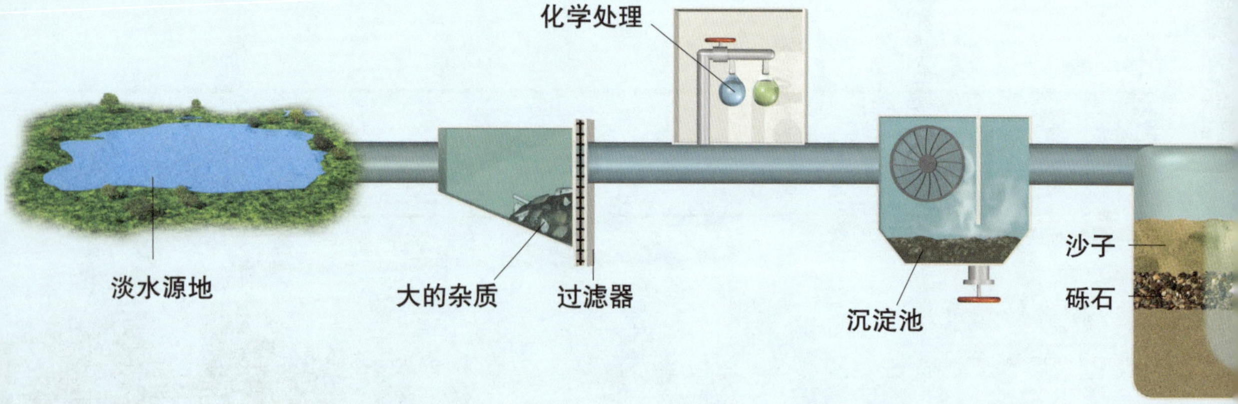

请看下面的图片，它展示了水处理厂净化水的流程。水净化后就可以供人们使用了。

读 图

水是如何到达你家的？

线索 观察下面的流程图。

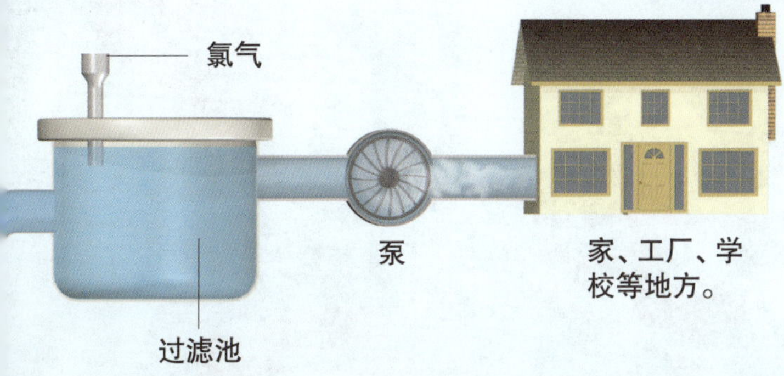

迷你实验

植物体中的淡水

1. **测量** 用天平测量一些苹果片的质量。
2. 把苹果片放在一个敞开的托盘上。当它们完全变干时，再次测量它们的质量。

3. **处理数据** 计算变干前后苹果片的质量差。这种差异说明了什么？
4. 用另一种水果重复实验。比较一下这种水果和苹果的结果差异。

快速检测

问题和解决方案 人们如何使水能够被安全饮用？

批判性思维 为什么你不能直接饮用溪流或湖泊中的水？

▲ 有些农场将植物直接种在水里，而不是种在土壤中。

▲ 水路帮助人们运输物品。

水有哪些用途？

人们以各种方式利用地球上的水。农业中需要用到淡水，在一些地方，人们需要灌溉庄稼。**灌溉（irrigation）**是一种通过管道或沟渠将水引入庄稼地的方法。

水对工业也很重要，它可以用来发电。轮船运输货物同样需要水。

水还有哪些用途？水还可以用来进行娱乐活动，游泳、划船和钓鱼都需要用水。

✔ 快速检测

问题和解决方案 灌溉解决了什么问题？

批判性思维 描述人们利用河水的三种方式。

许多人用水来进行娱乐活动。

课后回顾

摘要

地球上水的形式包括海洋、湖泊、河流、小溪、地下水等。

人们可以从井里和河里获取饮用水。水在使用前必须先净化。

水的用途包括农业灌溉、运输和娱乐等。

制作 **折叠式学习卡**

如图所示，制作一个折叠式学习卡，并用它来总结你本课所学的线管知识。

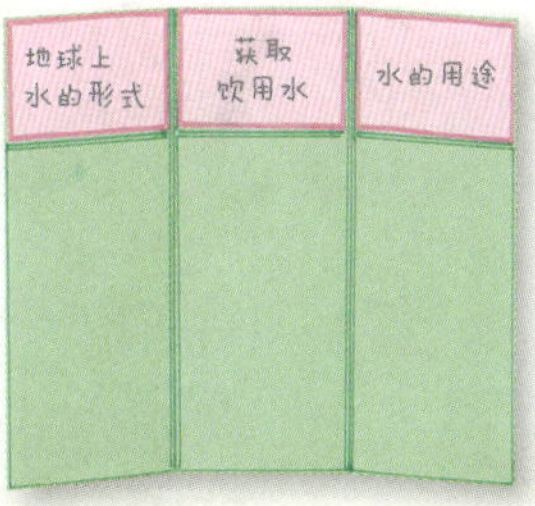

想一想，说一说，写一写

1. **词汇** 同一________中的水会汇集到一条河流或小溪。
2. **问题和解决方案** 人们如何确保清洁用水？

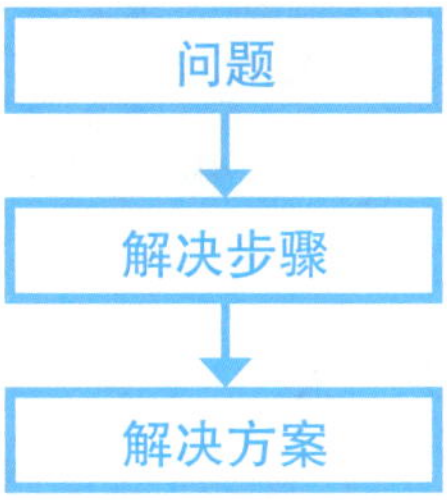

3. **批判性思维** 太阳对淡水供应有什么帮助？
4. **测试** 地球上大部分淡水分布在哪里？
   A 湖泊、河流和小溪中
   B 冰川和冰盖中
   C 大气中
   D 地下
5. **基本问题** 人们如何获得和使用水？

数学链接

应用题

已知一个漏水的水龙头每天会浪费大约300毫升的水，请问这个漏水的水龙头一年会浪费多少水？

社会链接

了解用水情况

全球水资源分布极不平衡，特别是某些城市，缺水现状十分严峻。研究这些城市是如何满足居民用水需求的。

节约用水

亲爱的编辑：

所有的生命都依赖于水。我们需要饮用干净的水，植物和动物也需要水才能生存。

随着每年的人口增长，我们所需的用水量也在增加，但供水量并不总是在增加的。

我相信我们每个人对此都能有所作为。下面是一些每个人都可以采取的简单行动。

- 修理漏水的水龙头。
- 只种植适应当地气候和降水量的植物，而不是一些必须经常浇水的植物。
- 洗碗机装满碗碟以后再使用。

我们大家都能为节约用水贡献一份力量。不能让这一重要资源白白流失！

提示

有说服力的文章应该怎么写？

- 陈述对某一主题的观点。
- 为该观点提供令人信服的理由。
- 有行动的号召。

在刷牙的时候，请关掉水龙头。

写作

说服性写作　请你给当地的报纸编辑写一封信，在信中说明人们保持地下水资源清洁的必要性，增加一些事实和细节，使你的信更有说服力。

你每天要用多少水？

你每天要用多少水？你用的可能比你想象的要多。

下表列出了人们每天做不同事情的用水量。在你自己每次做以下事情的时候都做一个记录。然后用这个表格计算你一天的用水量。

每日用水量	
任务	平均用水量（升）
泡澡	200
使用洗碗机	80
使用洗衣机	120
用手洗碗	20
冲马桶	6.5
淋浴	50
刷牙	3.5
洗手	3.5
喝一杯水	0.25

实践

1. 你一天用了多少水？
2. 试着节约用水。有什么方法可以减少你的用水量？在这一天里记录你的用水情况。你节约了多少水？

提示

▶ 小数加法同计算钱数一样，先把数字写成一列，小数点要对齐。

$$\begin{array}{r} 20 \\ 0.25 \\ +\quad 3.5 \\ \hline \end{array}$$

▶ 如果有的数没有小数点，你可以在数字后面标上小数点，然后在小数点后补上0，使数字能够准确对齐。

$$\begin{array}{r} 20.00 \\ 0.25 \\ +\quad 3.50 \\ \hline \end{array}$$

▶ 每一列相加。记得在最后的结果里补上小数点。

$$\begin{array}{r} 20.00 \\ 0.25 \\ +\quad 3.50 \\ \hline 23.75 \end{array}$$

第5课

污染和保护

看一看，想一想

石油是人们常用的能源。每天，巨大的油轮装载着石油穿过海洋到达世界各地。如果油轮发生石油泄漏的话，会怎么样？人们怎样才能把它清理干净呢？

探究活动

怎样清理泄漏的石油?

做出预测

油和水无法互溶。怎样才能把油从水里分离出来呢?如果要把油从固体表面分离又可以怎么做?请做出预测。

检验预测

1. 在一个塑料容器中装一半的水,使软木塞浮在水中。
2. **建立模型** 用滴管小心地往水面滴 6 ~ 7 滴油。
3. **观察** 观察油、水和软木塞大约 30 秒,记录下你的观察结果。
4. 根据你的观察结果,制订一个方案来测试你的预测。实验中,只使用老师提供给你的材料。
5. 执行你设计的方案,将水中和软木塞上的油清理干净。记录你的结果。

材料

- 塑料容器
- 水
- 软木塞
- 滴管
- 植物油
- 纸巾
- 海绵

步骤 2

得出结论

6. **交流** 你可以从水中完全清除油污吗?从软木塞上呢?描述你的发现。
7. 你的预测正确吗?解释一下。你认为还有哪些材料可能有用?
8. **推理** 怎样才能清理海洋中泄漏的石油?

进一步探究

调查一下 1989 年埃克森•瓦尔迪兹号油轮漏油事件。油在哪里泄漏了?油轮走了多远?泄漏的油是怎么清理的?查找资料,撰写一份报告。

读一读，学一学

基本问题

人们如何减少污染和节约资源？

词汇

环境
污染
酸雨
保护
堆肥
节约
重复使用
循环利用

阅读技能

中心思想和论据

中心思想	论据

什么是污染？

某片区域中的生物和非生物共同构成了这里的**环境（environment）**。所有的生物都需要一个健康的环境，健康的环境包括干净的空气、水和土壤。

当一种有害物质混入到环境中时，环境会受到**污染（pollution）**。有些污染来自自然灾害，如森林火灾和火山喷发。但大多数污染来自人类活动。

空气污染

当我们燃烧化石燃料时，产生的气体和尘埃会进入空气中。这些气体与空气中的水滴结合，就会形成**酸雨（acid rain）**。酸雨会危害生物，损坏建筑物。

水蒸气、其他气体和灰尘会形成霾，霾能像雾一样悬浮在空气中。霾对人类健康有很大危害。

水污染和土壤污染

人们将家里或工厂的废弃物倾倒到海洋、湖泊或河流时，会发生什么？它们会造成水污染。被污染的水会危害植物和动物，它也会使人致病。

那些为人类生活提供便利的化学物质也会污染水。在暴风雨中，化肥和杀虫剂会被冲入附近的水域。这些水域通向河流或海洋。船舶漏油会污染海水和海滩，许多鱼、鸟和哺乳动物因此受到了危害。

我们都知道不该**乱扔垃圾**。乱扔垃圾是不文明的，也是违规的。垃圾、化学制品、固体废弃物和酸雨等都会污染土壤，危害或杀死土壤中的植物和动物。

随意丢弃垃圾，会导致土壤污染。

快速检测

中心思想和论据 污染是如何危害环境的？

批判性思维 人们能时刻意识到他们所造成的污染吗？请举一些例子作具体说明。

轿车、卡车和公共汽车的尾气是城市空气污染的主要来源。

等高耕作

读 图

为什么农民会使用这种种植方法?

线索 看看作物分布与坡度的关系。

我们如何保护土壤和水?

每个人都可以保护资源。**保护(conservation)**的意思就是合理地使用资源。

水土保持

前面已经学过土壤很容易被侵蚀。农民们会使用各种方法来减缓水土流失。这些方法叫作水土保持。保护土壤可以保证植物的正常生长。保持水土的一种方法是种植防风林。

在倾斜的坡面上,农民按照土地的形状分层犁地种植,这种方法叫作**等高耕作**。农民每年更换作物种植,这叫作**轮作**。轮作可以保持土壤中的养分。

人们也可以在花园里进行**堆肥(compost)**,从而保护土壤。堆肥是一种由死亡的或腐烂的物质组成的混合物,如食物残渣、落叶和割下的草等。

节约用水

淡水资源并不是无穷无尽的，那我们应该如何节约用水呢？

许多城镇会收集家庭和企业用过的**废水**，它们通过一个叫作**下水道**的管道系统，把废水输送到污水处理厂。在那里，水会得到清洁，然后再排放到大自然中。

怎样节约用水？在不用水的时候，请及时把水龙头关掉。等洗衣机和洗碗机装满再开机。及时修理漏水的马桶和水龙头。以上都是节约用水的方法。通过减少用水量，你就可以保护水资源！

迷你实验

节约计划

1. **观察** 你的学校是如何使用资源的？请找出一些事例说明。可以考虑水的使用、能源的使用和垃圾的处理等方面。
2. 想一想有哪些节约资源、减少浪费的方法。写下你的想法。
3. **交流** 与同学分享你的想法。汇总之后以班级为单位，写一份计划交给你们的校长。

快速检测

中心思想和论据 请你描述一些保护环境的方法。

批判性思维 你能做些什么来保护水土？

▼ 沙漠地区的人们通过种植本地植物来节约用水。

什么是3R？

3R指的是三种保护资源的方法，它们的英文单词首字母都是R。

节约

节约（reduce）的意思是减少使用量。这是保护资源最简单的方法。怎样减少用纸？可以在纸的两面都进行书写，充分利用纸张。如何减少能源消耗？不需要灯的时候，就把它们关掉。

重复使用

重复使用（reuse）是指再次使用某物品。例如，玻璃杯或塑料杯可以重复使用，用它们来代替一次性使用的纸杯就是保护资源。旧衣服也可以当作抹布再次使用。

循环利用

循环利用（recycle）是指用旧材料制造新产品。循环利用能有效利用资源。许多社区回收纸张、塑料、玻璃和金属。你还能想到其他值得回收的物品吗？

快速检测

中心思想和论据 3R是指哪三种保护资源的方法？

批判性思维 3R可以怎样帮助我们节约化石燃料？

读图

每张图片分别体现了3R中的哪种方法？

线索 仔细观察图中的细节。

3R行为

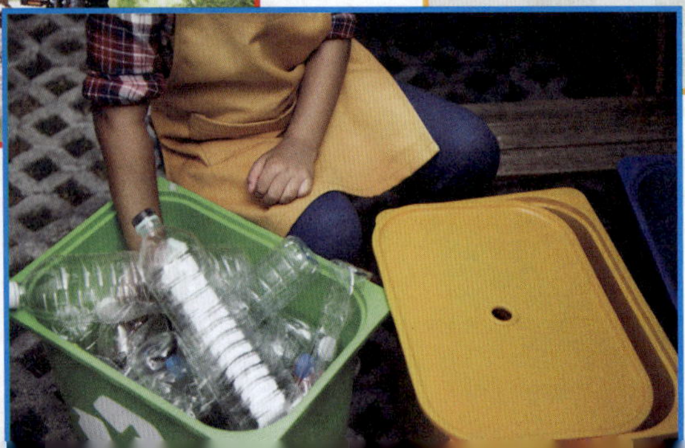

课后回顾

摘要

人类活动会污染地球上的土壤、空气和水。

保护意味着合理地使用资源。保护水土的方法有很多。

每个人都可以遵循3R方法——节约、重复使用和循环利用。

制作 **折叠式学习卡**

如图所示，制作一个折叠式学习卡，并用它来总结你本课所学的相关知识。

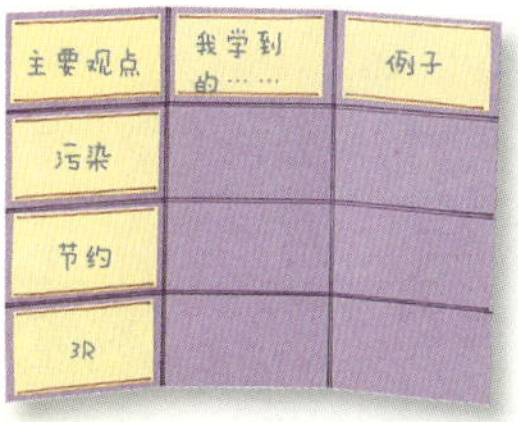

想一想，说一说，写一写

1. **词汇** 你可以利用残羹剩饭和草屑来__________。

2. **中心思想和论据** 为3R方法各举一个例子。

中心思想	论据

3. **批判性思维** 写一个家庭节约用水计划。你认为哪一个环节可以节约最多的水？请解释原因。

4. **测试** 哪些物品的燃烧会引起酸雨？
   A 堆肥　　B 肥料
   C 杀虫剂　　D 化石燃料

5. **基本问题** 人们如何减少污染和节约资源？

写作链接

写一份报告

研究你所在的城市如何处理废水。人们为这项服务付费吗？付多少钱？写一份报告。

艺术链接

做一张海报

制作一张宣传3R的海报。用明亮的颜色或幽默的语言来表达你的信息。

保护土壤

许多农民在种植季节使用拖拉机。

我们吃的食物大部分来自生长在土壤中的植物。有时，我们的种植方式会损害土壤，而良好的土壤是种植庄稼的前提条件。不管是在过去还是现在，农民们一直采取各种不同的方法来保护土壤。

翻耕就是用能翻土的工具来翻动土壤。有些地区的农民还会使用一种叫等高耕作的方法，它是沿着山坡的坡面翻耕，而不是笔直地上下翻耕。这种方法通过建造梯田来阻止或疏导雨水的流动，让水更好地渗入土壤。没有等高耕作的话，水会快速地从山坡向下流，并带走松散的土壤和养分。等高耕作的缺点是：它比直线耕作耗时长，还会耗费更多的人工。

等高耕作的主要方式是梯田。

有一些农民在收获后不翻耕，这样土壤表面就会形成一层保护层，它可以保持整个冬天，到了春季播种的时候，农民就不需要翻耕了。他们只需在地里挖个洞，在洞里播种。这种方法叫作免耕种植。免耕种植也有它的问题：农民们可能需要使用除草剂来去除本来可以通过翻耕犁除的杂草。

一些农民在收获结束时会播种一些新的植物以保护土壤。这时种植的植物称为覆盖作物，它们能为土壤增加养分。常见的覆盖作物包括黑麦、三叶草和蚕豆。当农民准备再次种植作物时，他们会把覆盖作物犁入土壤，然后再播种新作物。

▲ 大豆可以用作覆盖作物。

▲ 小麦也是很好的覆盖作物。

中心思想和论据

- 中心思想是整篇文章的重点。
- 论据支持并解释中心思想。

写作

中心思想和论据

1. 为什么农民需要保护土壤？
2. 农民保护土壤的方法有哪些？列出这些方法的优缺点。

第2章 复习和测试

摘要

第 1 课 岩石由矿物构成。岩石循环描述了不同岩石的转变过程。

第 2 课 土壤是由腐殖质、风化的岩石和矿物等构成的。土壤形成速度缓慢。

第 3 课 化石给我们提供了有关地球过去的线索。化石燃料是不可再生资源。

第 4 课 水汇集在地表和地下。人类以多种方式储存和使用它。

第 5 课 人类可能会污染土壤、空气和水。我们要保护资源。

制作 **折叠式学习卡**

把每一课的学习卡像下图那样粘到一张纸上，并用它复习你本章所学的相关知识。

词 汇

DOK 1

从下列词汇中选出最恰当的词进行填空。

环境	矿物
化石	渗透性
地下水	可再生资源
腐殖质	资源
灌溉	岩石循环

1. 一个区域内所有的生物和非生物共同构成了________。
2. 构成岩石的非生物叫作________。
3. 自然界中能够迅速再生的资源称为____________，空气和水都属于这种资源。
4. 许多农民会________庄稼。
5. 砂土的________优于黏土。
6. 为了利用________，人们会钻井。
7. 人们可以使用的物质叫作________。
8. 很久以前生物存在过的证据是________。
9. 岩石通过________改变类型。
10. 植物和动物残骸组成的________能为植物提供生长所需的营养。

科学技能和科学概念

DOK 2~3

请回答下列问题。

11. **中心思想和论据** 三种类型的岩石分别是如何形成的？请分别举例说明。

12. **交流** 写一篇说明文来解释水处理厂是如何工作的，描述清楚它的处理过程。

13. **批判性思维** 你认为未来最重要的可再生能源是什么？说说你的理由。

14. **说服性写作** 给校报写一封信，号召同学们保护资源。向他们提出一些关于节约、重复使用和循环利用资源的建议。

15. **问题和解决方案** 饮用水是如何被污染的？怎样做才能保证它的安全？

16. **判断正误** *化石燃料是一种可再生资源*。这个说法对还是错？为什么？

17. **判断正误** *热量和压力可以改变岩石的性质*。这个说法对还是错？为什么？

18. **批判性思维** 化石为科学家提供了哪些关于地球历史的线索？

大概念

19. 什么是地球资源，我们应该如何保护它们？

表现性评价

DOK 3

不可思议的矿物

活动步骤

1. 寻找关于钻石、石英、铬铁矿和铜的信息。每种矿物都有哪些性质？
2. 了解每种矿物的利用方式。每种矿物都能在哪些常见的物体中找到？
3. 复制下面的图表。用你的图表记录研究结果。

矿物	性质	用途
钻石		
石英		
铬铁矿		
铜		

分析结果

解释每种矿物的用途与其性质的关系。

测 试

1 哪种矿物最柔软？
DOK 1

莫氏硬度表	
矿物	硬度
石膏	2
方解石	3
石英	7
金刚石	10

A 石英　　B 石膏
C 金刚石　　D 方解石

2 下图所示的化石是在冻原生物群落中发现的。你能从这个发现中推断出什么？
DOK 2

A 气候变冷了
B 气候变暖了
C 附近可以找到化石燃料
D 在这里找不到化石燃料

3 哪些特性对鉴别矿物最有帮助？
DOK 1

A 光泽、条纹
B 大小、漂浮能力
C 重量、形状
D 形状、宽度

4 下列哪项对土壤性质的叙述是正确的？
DOK 1

A 不同地区的土壤性质都不一样。
B 在所有生物群落中，土壤性质都是一样的。
C 所有土层的土壤性质都是相似的。
D 只能用科学仪器观察土壤性质。

5 哪一种人类活动最有可能对环境产生负面影响？
DOK 1

A 堆肥
B 节约资源
C 重复使用笔记本纸
D 燃烧化石燃料

6 大多数化石出现在何处？
DOK 1

A 矿物　　B 火成岩
C 沉积岩　　D 变质岩

7 这颗钻石属于哪一类？
DOK 1

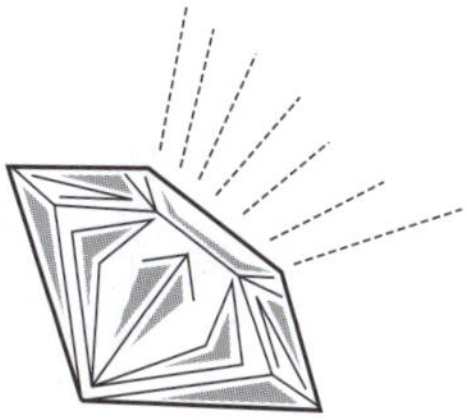

A 可再生资源
B 化石燃料
C 建筑材料
D 矿产资源

8 一种土壤样本质地粗糙，渗透性强。它很可能属于下列哪种？
DOK 1

A 黏土
B 砂土
C 腐殖质
D 基岩

9 有一块岩石质地较软，有分层。这块石头最有可能是哪种岩石？
DOK 1

A 沉积岩
B 火成岩
C 变质岩
D 花岗岩

10 风能是一种可再生资源。

请你再说出一种可再生能源。
DOK 1

解释一下利用这种可再生资源为什么能减少污染。
DOK 2

检 查

问题	对应页码	问题	对应页码
1	74~75	6	96~99
2	98~99	7	74~75，100~102
3	74~75	8	89~90
4	88~90	9	76~77
5	100~102	10	100~102

勘测员

怎样才能找到两个地区之间的边界?你需要一名勘测员来帮忙。勘测员会使用某些仪器来确定土地的边界,他们还能帮助人们规划新道路、桥梁和房屋的建造地点。

要成为一名勘测员,你需要获得相关专业学位,你还需要有扎实的数学技能和计算机技能。

▲ 勘测员利用工具测量土地面积。

地质学家

如果你对地球充满好奇,你可能会想成为一名地质学家。

并非所有的地质学家都在研究岩石,一些地质学家会与公司合作,寻找地下的石油或其他资源,有些地质学家则研究地震或火山。地质学家除了研究地球是如何随着时间发生变化的,他们还会对未来进行预测。

要成为一名地质学家,你至少需要学士学位。大多数地质学家在大学毕业后还要继续深造。如果你想成为一名真正的"找矿者",你一定要认真钻研科学!

▲ 地质学家研究火山时会穿防护服。

《科学启蒙（第二版）》版权声明

科学启蒙（第二版）地球和资源 ④

McGraw-Hill Education
Science A Closer Look
Earth and Its Resources
978-0-02-135618-8

图书在版编目（CIP）数据

科学启蒙 ：第二版. 地球和资源. ④ / (美) 杰伊·哈克特等著 ；张俊等译. -- 杭州 ：浙江教育出版社，2020.3（2020.7 重印）
ISBN 978-7-5722-0028-1

Ⅰ. ①科… Ⅱ. ①杰… ②张… Ⅲ. ①科学知识—少年读物②自然资源—少年读物 Ⅳ. ①Z228.1②P96-49

中国版本图书馆CIP数据核字(2020)第041892号

科学启蒙（第二版）
KEXUE QIMENG (DI ER BAN)
地球和资源④
DIQIU HE ZIYUAN 4

出版发行 浙江教育出版社（杭州市天目山路40号 电话：0571-85170300-80928）
原 著 名 SCIENCE A CLOSER LOOK
EARTH AND ITS RESOURCES
本册翻译 张 俊 邓小耶 柯星如
审　　定 郝京华
图片来源 海洛创意
责任编辑 杨 艳
封面设计 韩 波
责任校对 杜功元
责任印务 沈久凌

图文制作 杭州兴邦电子印务有限公司
印　　刷 杭州富春印务有限公司
开　　本 787mm×960mm 1/16
印　　张 9
字　　数 216 000
版　　次 2020年3月第1版
印　　次 2020年7月第2次印刷
标准书号 ISBN 978-7-5722-0028-1
定　　价 32.00元

如发现印、装质量问题，影响阅读，请与本社市场营销部联系调换。
联系电话：0571-88909719